Capital Intelectual: Claves para su Medición y Gestión en la Era del Conocimiento

Vladimir Vega Falcón

Jorge Francisco Abril Flores

Copyright © 2024

All rights reserved.

ISBN: 9798327984622

Ninguna parte de esta publicación puede ser reproducida, distribuida o transmitida en cualquier forma o por cualquier medio, incluyendo fotocopia, grabación u otros métodos electrónicos o mecánicos, sin el permiso previo por escrito del editor o del autor, excepto en el caso de citas breves en reseñas críticas y ciertas otras situaciones no comerciales permitidas por la ley de derechos de autor.

Dedicatoria

A aquellos visionarios que se atreven a mirar más allá del horizonte tangible, a los líderes empresariales y académicos que cultivan el conocimiento y la innovación día tras día. Dedicamos este libro a todos los investigadores y estudiantes que exploran incansablemente las profundidades del Capital Intelectual, y a los empresarios que aplican estos valiosos conocimientos para transformar sus organizaciones y la sociedad.

Que este trabajo sirva no solo como una guía, sino también como inspiración para continuar avanzando hacia un futuro donde el verdadero valor reside en la inteligencia y la creatividad humana.

Con gratitud,

Los autores.

Contenido

Prólogo 1

Introducción 3

Capítulo 1: Fundamentos del Capital Intelectual 5

   1.1 Origen y Evolución del Capital Intelectual 5

   1.2 Conceptualización Histórica y Desarrollo del Capital Intelectual. 7

   1.3 Antecedentes Clave en la Medición del Capital Intelectual. 9

   1.4 Componentes del Capital Intelectual: Capital Humano, Capital Estructural, Capital Relacional. 11

   1.5 Medición y Contabilización del Capital Intelectual 13

      1.5.1 Medición del Capital Intelectual 13

      1.5.2 Contabilización del Capital Intelectual 14

   1.6 Métodos y Herramientas para la Medición del Capital Intelectual. 16

   1.7 Importancia y Métodos de Contabilización de los Activos Intangibles. 19

   1.8 Conclusiones del Capítulo 20

   1.9 Resumen de Los Puntos Clave tratados y su Relevancia para la Gestión Empresarial. 21

Capítulo 2: Implementación y Evaluación del Capital Intelectual 23

2.1 Modelos y Procedimientos para la Implementación 25

2.1.1 Propuesta de un Modelo Operativo para Implementar y Evaluar el Capital Intelectual. 28

2.1.2 Herramientas que Soportan la Aplicación del Modelo y el Procedimiento de Implementación del Capital Intelectual 61

2.1.2.1 Método de Expertos 61

2.2.2.1 Procesamiento de la Información 69

2.2 Gestión Práctica del Capital Intelectual 75

2.2.1 Desafíos en El Desarrollo del Capital Intelectual 78

2.2.1.1 Barreras Culturales y Operativas 78

2.2.1.2 Barreras Tecnológicas y de Recursos 78

2.2.1.3 Barreras de Liderazgo 78

2.2.1.4 Superación de Barreras 79

2.3 Sistemas y Componentes del Capital Intelectual en la Organización 79

2.3.1 Componentes del Capital Intelectual 80

2.4 Conclusiones del Capítulo 81

Capítulo 3: Aplicación y Caso Práctico 83

3.1 Estudio de Caso 83

Capítulo 4: Preguntas Frecuentes: Desvelando el Capital Intelectual 113

4.1 Preguntas sobre la Introducción al Capital Intelectual 113

4.2 Preguntas sobre Medición y Gestión del Capital Intelectual 116

4.3 Preguntas sobre Componentes del Capital Intelectual 121

4.4 Preguntas sobre la Implementación Práctica del Capital Intelectual 123

4.5 Preguntas sobre la Innovación y Tecnología 125

4.6 Preguntas sobre Teoría y Práctica 127

4.7 Reflexiones Finales y Recomendaciones 130

Conclusiones Generales 131

Referencias Bibliográficas 133

Acerca de los Autores 141

Agradecimientos

La realización de este libro no habría sido posible sin el apoyo, la inspiración y el estímulo de numerosas personas cuya influencia en el proceso ha sido inmensurable.

Nuestro reconocimiento especial a los profesionales del sector empresarial que compartieron generosamente sus casos prácticos y estrategias, permitiéndome ilustrar los conceptos discutidos con ejemplos concretos y actuales. Estas colaboraciones han sido esenciales para tender un puente entre la teoría y la práctica efectiva en la gestión del Capital Intelectual.

Agradecemos también a nuestros estudiantes y colegas investigadores por sus preguntas provocadoras y su incansable búsqueda de conocimiento, que constantemente nos impulsaron a superar los límites de nuestro propio entendimiento y a buscar claridad y aplicabilidad en cada tema tratado.

No podemos dejar de mencionar el apoyo constante de nuestras familias y amigos, quienes han proporcionado un espacio de paz y motivación a lo largo de este desafiante y gratificante proceso de escritura. Su paciencia y aliento han sido el sustento en los momentos más exigentes.

A todos, nuestro más sincero agradecimiento.

Con gratitud,

Los autores.

Prólogo

En el umbral de un nuevo paradigma económico, marcado por la primacía del conocimiento y la información, la obra "Capital Intelectual: Claves para su Medición y Gestión en la Era del Conocimiento" emerge como un faro de orientación para empresarios, académicos y profesionales que navegan en las complejas aguas de la gestión de activos intangibles. La relevancia de este libro se cimenta en la creciente necesidad de comprender y optimizar el Capital Intelectual, un imperativo en un mercado global que premia la innovación, la agilidad y la capacidad estratégica.

La gestión del Capital Intelectual, que alguna vez fue un tema periférico en la gestión empresarial, se ha convertido hoy en un eje central de la ventaja competitiva y sostenibilidad organizacional. Este libro, meticulosamente preparado, no solo aborda con profundidad los antecedentes y la evolución del Capital Intelectual, sino que también ofrece un análisis robusto y multifacético de cómo medirlo y gestionarlo eficazmente. Los autores nos llevan en un viaje desde los cimientos teóricos hasta la aplicación práctica, en un estilo que es tanto riguroso como accesible.

La estructura del libro facilita una comprensión integral, comenzando con una exploración detallada de los orígenes y componentes del Capital Intelectual, seguido de una guía práctica sobre su medición y gestión. Lo que distingue a esta obra son los capítulos dedicados al caso práctico derivado de la extensa experiencia de los autores como consultor empresarial, el cual no solo ilustra las teorías discutidas, sino que también brindan lecciones valiosas y directamente aplicables en el ámbito empresarial. El otro capítulo que resalta es el dedicado a preguntas frecuentes sobre el Capital Intelectual, que se agradecerá por muchos lectores por sus respuestas concretas y ejemplificadas.

A lo largo de sus páginas, el libro despliega una rica amalgama de teoría y práctica, enriquecida con ejemplos actuales y herramientas analíticas que son indispensables para cualquier profesional dedicado a la gestión del conocimiento organizacional. Además, ofrece estrategias pragmáticas para superar las barreras culturales, operativas y estratégicas que muchas organizaciones enfrentan hoy en día.

Como experto en la materia, considero que este libro es una contribución significativa y oportuna al campo del Capital Intelectual. No solo por su claridad y profundidad, sino también por su enfoque práctico, que lo convierte en una lectura esencial para quienes desean mejorar la eficiencia y rentabilidad de sus organizaciones a través de una gestión más efectiva de sus recursos intangibles.

En conclusión, "Capital Intelectual: Claves para su Medición y Gestión en la Era del Conocimiento" es más que un libro; es una herramienta indispensable y un recurso valioso que iluminará a sus lectores mucho tiempo después de haberlo leído.

Dr. Roberto Argelio Frías Jiménez

Decano de la Universidad de Matanzas, Cuba.

Introducción

En la era de la información y la globalización, la gestión del Capital Intelectual se ha consolidado como un pilar crucial para las organizaciones que aspiran a adaptarse, innovar y prosperar en un contexto global en constante evolución. En un mundo donde la economía se basa cada vez más en el conocimiento, la importancia de los activos intangibles no solo se ha vuelto más evidente, sino que también se ha transformado en un factor determinante para el éxito y la sostenibilidad empresarial. Las organizaciones se enfrentan al desafío de no solo identificar y medir, sino también de gestionar y potenciar de manera estratégica su Capital Intelectual para sostener una ventaja competitiva duradera.

Este libro, enfocado en la medición y gestión del Capital Intelectual, se ofrece como una herramienta esencial para empresarios, investigadores, consultores y estudiantes universitarios que buscan profundizar su comprensión y habilidades en la valoración y optimización de estos recursos intangibles. Explorando las diversas facetas del Capital Intelectual —desde el talento y habilidades de los empleados hasta la propiedad intelectual y las alianzas estratégicas con clientes y otros stakeholders—, este texto proporciona un análisis exhaustivo de cómo estos elementos pueden ser desarrollados, cultivados y capitalizados eficazmente.

Además, se presentarán metodologías y herramientas avanzadas para la evaluación del Capital Intelectual, tales como el Balanced Scorecard, el Valor Económico Agregado (EVA), el Análisis de Redes Sociales (SNA), entre otros. Se discutirá también el papel fundamental de los sistemas de información en la captura, gestión y diseminación del conocimiento organizacional, facilitando la comprensión de cómo estos sistemas pueden ser estratégicamente empleados para mejorar la toma de decisiones y fomentar la innovación.

Con un enfoque práctico, esta obra incluye consejos detallados y estudios de caso que demuestran la aplicación efectiva del Capital Intelectual en diversas situaciones empresariales, mostrando cómo los líderes pueden utilizar estos activos para impulsar la competitividad y el crecimiento de sus organizaciones. A través de un enfoque integral y multifacético, este libro se propone como una guía indispensable y un recurso educativo profundo, equipando a los profesionales con el conocimiento necesario para transformar el Capital Intelectual en resultados tangibles que maximicen la eficiencia y la rentabilidad de sus empresas.

Capítulo 1: Fundamentos del Capital Intelectual

Objetivo: Explorar el origen, desarrollo y los componentes esenciales del Capital Intelectual, proporcionando un marco teórico detallado que permita a los lectores el entendimiento de las bases sobre las cuales se construye la medición y gestión de estos activos intangibles.

1.1 Origen y Evolución del Capital Intelectual

El concepto de Capital Intelectual, originado en la década de 1960 por el economista estadounidense Theodore Schultz, marcó un punto de inflexión en la comprensión de los activos de una empresa. Schultz destacó que el conocimiento y las habilidades de los trabajadores —el capital humano— eran cruciales para la productividad empresarial y, en consecuencia, para el crecimiento económico. Este enfoque inicial sugirió un cambio paradigmático respecto a la valoración de los activos empresariales, extendiendo su comprensión más allá de lo meramente tangible.

No obstante, no fue hasta la década de 1990 cuando el término "Capital Intelectual" ganó prominencia, en gran parte gracias a la influencia del libro "The Knowledge-Creating Company" de los investigadores japoneses

Nonaka y Takeuchi. En esta obra, se argumenta decisivamente que las empresas deben promover la creación y gestión del conocimiento como un activo estratégico, esencial para mejorar su rendimiento y consolidar una ventaja competitiva.

Desde entonces, el concepto ha evolucionado para incluir no solo el capital humano sino también otros activos intangibles, tales como la propiedad intelectual, las relaciones con clientes y proveedores, la cultura organizacional y la capacidad de innovación. Hoy en día, el Capital Intelectual se reconoce como un componente integral del valor de una empresa y un factor crítico para su éxito a largo plazo.

La transición de la Era Industrial a la Era de la Información ha sido definitoria, destacando el papel cada vez más crucial que juegan los elementos intangibles en la creación de valor. En el contexto actual, donde la economía global está profundamente influenciada por el desarrollo de las comunicaciones, la informática y la robótica, entre otros, el Capital Intelectual se posiciona como un nuevo protagonista en la generación de valor.

La evolución y la importancia cada vez mayor de los activos intangibles se reflejan en el interés académico y empresarial creciente hacia el Capital Intelectual, evidenciado por el volumen significativo de investigaciones y publicaciones científicas. Este interés no solo subraya la relevancia del conocimiento y los elementos intangibles como determinantes de competitividad y seguridad en un entorno empresarial cada vez más volátil, sino que también resalta la necesidad de una gestión eficaz que pueda medir, valorar y capitalizar estos activos para el futuro empresarial.

En resumen, el desarrollo del Capital Intelectual ha seguido una trayectoria de creciente reconocimiento y valoración, redefiniendo la gestión empresarial moderna y posicionándose como el eje central de las estrategias para alcanzar ventajas competitivas sostenibles y adaptarse a los continuos cambios del mercado global.

1.2 Conceptualización histórica y desarrollo del Capital Intelectual.

El término "Capital Intelectual" ha evolucionado significativamente desde sus primeras conceptualizaciones. Aunque su presencia es implícita desde que los negocios comenzaron a valorar las relaciones con clientes y proveedores, su formalización como un término reconocido en la academia y la industria ha tenido un desarrollo más reciente y complejo.

Inicialmente observado de manera intuitiva por comerciantes que reconocían el valor de una buena relación con sus clientes, el concepto ganó formalidad académica y empresarial bajo la denominación de "Fondo de Comercio". Durante las últimas décadas del siglo XX, se observó una explosión en áreas técnicas clave como las tecnologías de la información y los medios de comunicación, las cuales han proporcionado nuevas herramientas para la construcción de una economía global interconectada. Estos avances han impulsado el reconocimiento del Capital Intelectual como un conjunto de activos intangibles que abarcan aspectos sociales, relacionales y estructurales de cualquier entidad.

El economista austro-estadounidense Fritz Machlup, en su obra "*The Production and Distribution of Knowledge in the United States*" (1962), introdujo formalmente el estudio de la sociedad de la información postindustrial, acuñando el término "Capital Intelectual" y destacando el rol predominante del conocimiento en el desarrollo de las naciones. Este enfoque fue posteriormente analizado y expandido por el economista canadiense John Kenneth Galbraith y otros pensadores, quienes comenzaron a ver el Capital Intelectual no solo como un generador de valor, sino como un elemento esencial en la competitividad y sustentabilidad de las organizaciones modernas (Dubitzky,1943).

A medida que avanzamos hacia el cambio de siglo, y con la llegada del nuevo milenio, el interés en este campo se ha expandido, y con ello, la necesidad de definiciones y metodologías estandarizadas que aborden de manera eficaz este tipo de activos. Esta necesidad ha llevado a múltiples disciplinas, desde la economía hasta la gestión empresarial, a enfrentar el desafío de definir, medir y gestionar el Capital Intelectual con precisión y relevancia práctica.

Autores como Annie Brooking y Thomas Stewart, entre otros, han contribuido significativamente a la literatura sobre el tema, destacando la capacidad de los activos intangibles para generar riqueza y proporcionar ventajas competitivas sostenibles. La noción de Capital Intelectual como el conocimiento, experiencia aplicada, tecnología organizacional, relaciones con clientes y destrezas profesionales que proporcionan una ventaja competitiva en el mercado, ha sido ampliamente aceptada y debatida en numerosos foros académicos y empresariales.

Erjavec, Redek y Godnov (2024) abordan exhaustivamente el estudio del capital intangible a través de una revisión de literatura desde 1908 hasta 2021, identificando cómo este crucial activo sigue siendo una "caja negra corporativa sin abordar" en la literatura económica, subrayando la necesidad de una mayor transparencia y métodos de evaluación en su tratamiento (p. 30).

Este reconocimiento ha llevado a una reconsideración de los métodos contables tradicionales, que históricamente han luchado para capturar el verdadero valor de los activos intangibles. Como respuesta, han surgido nuevas aproximaciones y marcos normativos, como la Norma Internacional de Contabilidad (NIC) No. 38 sobre Activos Inmateriales, que buscan abordar de manera adecuada la identificación, medición y gestión de estos recursos críticos.

Esta visión amplia y profunda del Capital Intelectual, reconociéndolo no solo como un componente de valor económico, sino también como un elemento central en la estrategia y operaciones de las empresas contemporáneas, refleja un cambio paradigmático en cómo las organizaciones perciben su propio valor y cómo se preparan para enfrentar los desafíos de un entorno empresarial globalizado y basado en el conocimiento.

1.3 Antecedentes clave en la medición del Capital Intelectual.

Este epígrafe se centra en explorar los avances significativos en la contabilidad y medición de los recursos humanos y el Capital Intelectual desde una perspectiva histórica y metodológica.

1. **Contabilidad de Recursos Humanos:**

Roger H. Hermano, en 1964, marcó un hito importante al considerar que los recursos humanos deberían ser reconocidos como activos operativos en los estados financieros para incrementar la calidad y el valor de la información contable. Esta propuesta, pionera en su época, planteaba la valoración de las personas como activos humanos, desafiando las convenciones de la contabilidad financiera tradicional.

A lo largo de los años, esta perspectiva ganó mayor relevancia con contribuciones como las de Rensis Likert en 1967, quien desde un enfoque gerencial destacó que los recursos humanos son fundamentales para la creación de valor empresarial, proporcionando información crucial para la toma de decisiones eficiente en todos los niveles de la dirección. En la década de 1990, autores como Roslender y Dyson revitalizaron este interés, abogando por un cambio de paradigma hacia una perspectiva más socio-científica y estratégica en la contabilización del valor de los empleados.

2. **Goodwill o Fondo de Comercio:**

La noción de goodwill ha sido objeto de estudio y redefinición continuas. Colley y Volkan, en 1988, describieron el goodwill como activos ocultos que, aunque no presentes de forma visible en el balance, contribuyen significativamente a la generación de valor en una organización. Esta visión fue ampliada por Tearney en 1973, quien argumentó que todos los activos, tangibles o no, deben ser identificados y valorados en los estados financieros como verdaderas fuentes de ingresos, desplazando así la antigua concepción del goodwill. Reilly y Schweihs en 1998 desarrollaron métodos avanzados para la desagregación de activos intangibles, abarcando desde marcas y patentes hasta relaciones con clientes y capital humano, redefiniendo el goodwill como la capacidad de la empresa para generar rendimientos superiores a la norma (Navarro, 2004).

Navarro García (2004) analiza cómo las reformas normativas han influido en la contabilidad del fondo de comercio, destacando las variaciones significativas en la valoración de este activo intangible dentro de las empresas, lo que subraya la importancia de comprender los cambios normativos para una adecuada gestión de los activos intangibles (p. 120).

3. Corriente Konrad:

En Suecia, durante la década de los ochenta, surgió una influente corriente de pensamiento conocida como la "Comunidad Sueca de prácticas", que eventualmente se vincularía al "Grupo Konrad". Este colectivo fue crucial en el desarrollo del enfoque moderno sobre el Capital Intelectual, utilizando un conjunto de indicadores financieros y no financieros para evaluar y reportar públicamente los activos intangibles. Este movimiento fue pionero en promover el uso de informes de Capital Intelectual, especialmente en el sector de servicios, donde la divulgación de activos intangibles se considera esencial para minimizar riesgos de inversión y reducir las tasas de rendimiento exigidas por inversores y accionistas. La recomendación del consejo sueco para la Industria de Servicios en 1993, seguida por iniciativas de la Organización para la Cooperación y el Desarrollo Económicos (OCDE) en 1995, marcaron un punto de inflexión en el reconocimiento y la gestión del Capital Intelectual a nivel global.

En conjunto, estos antecedentes subrayan un progreso significativo en cómo las organizaciones y la academia han llegado a entender y valorar el Capital Intelectual, no solo como un conjunto de activos intangibles, sino como una parte integral de la estrategia y la ventaja competitiva de las empresas en la economía del conocimiento.

1.4 Componentes del Capital Intelectual: Capital Humano, Capital Estructural, Capital Relacional.

El Capital Intelectual constituye uno de los activos más cruciales en el entorno empresarial actual, especialmente en un mundo donde la gestión del conocimiento se posiciona como un pilar estratégico para el éxito competitivo y la creación de ventajas comparativas significativas.

A través del desarrollo teórico y práctico que ha caracterizado el inicio del tercer milenio, se ha consolidado una comprensión más profunda sobre la estructura del Capital Intelectual, diferenciándolo principalmente en tres componentes: Capital Humano, Capital Estructural y Capital Relacional.

- **Capital Humano:**

Este componente engloba las competencias, actitudes y la vitalidad intelectual de los individuos que componen una organización. El Capital Humano incluye los conocimientos, habilidades, talentos y know-how que los empleados aportan a la empresa. Estos no solo son esenciales para la operación diaria, sino que también son cruciales para la innovación y la transformación empresarial. Aunque estos activos son intrínsecamente personales y, por ende, se van con los empleados al dejar la empresa, su impacto en la capacidad organizativa permanece mientras están presentes. Según Brooking (1997), este componente se centra en la pericia colectiva, la creatividad y la capacidad de resolución de problemas que enriquecen la organización. Sveiby (1997) subraya que solo aquellos empleados considerados como expertos conforman este capital, destacando así la importancia de la calidad sobre la cantidad del talento.

- **Capital Estructural:**

Definido por Edvinsson y Malone (1997) como el conocimiento que permanece en la empresa después de que los empleados se han ido, el Capital Estructural se refiere a todo lo que queda "atrapado" en la organización: desde patentes, propiedad intelectual, manuales de procedimientos, sistemas administrativos hasta la cultura corporativa y la base de datos de conocimiento. Este capital facilita la eficiencia y la estandarización de operaciones y puede ser transferido dentro de la organización con facilidad. Roos et al. (2001) descomponen este capital en capital de organización, renovación y desarrollo, y capital relacional interno, lo que subraya su función como infraestructura de soporte para el aprovechamiento y amplificación del Capital Humano.

- **Capital Relacional:**

Este componente abarca todas las relaciones que la empresa mantiene con agentes externos, como clientes, proveedores, socios estratégicos y la comunidad en general. Incluye desde la lealtad de los clientes y la reputación de la empresa hasta las alianzas estratégicas y los contratos. Edvinsson y Malone (1997) lo identifican como el valor creado por estas conexiones externas. Brooking (1997) enfatiza que este capital es esencial para la ventaja competitiva, refiriéndose a él como activos de mercado que reflejan la capacidad de la empresa para interactuar y extraer valor del entorno externo.

Relación entre los componentes del Capital Intelectual

Estos tres componentes no funcionan de manera aislada, sino que interactúan entre sí, creando una dinámica que potencia el valor y la capacidad organizativa. El Capital Humano alimenta tanto el Capital Estructural como el Relacional; los empleados no solo contribuyen con sus conocimientos y habilidades al crecimiento interno, sino que también ayudan a fortalecer las relaciones externas a través de sus interacciones. A su vez, un sólido Capital Estructural soporta y amplía el alcance y la eficacia del Capital Humano, mientras que un robusto Capital Relacional puede mejorar significativamente el clima y la cultura organizacional, atrayendo y reteniendo talento, lo cual enriquece aún más el Capital Humano.

En conjunto, estos componentes forman un sistema interdependiente que, cuando se gestiona adecuadamente, no solo optimiza el rendimiento actual, sino que también establece una base sólida para la sostenibilidad y la innovación futura. La interacción entre estos elementos es esencial para el crecimiento estratégico y la competitividad en un mercado global cada vez más basado en el conocimiento.

1.5 Medición y Contabilización del Capital Intelectual

1.5.1 Medición del Capital Intelectual

La medición del Capital Intelectual es un proceso integral que evalúa los activos intangibles de una organización, que incluyen el conocimiento, las habilidades, la experiencia y la capacidad de innovación de su personal, así como sus sistemas y procesos internos. Este proceso se apoya en una variedad de metodologías y herramientas diseñadas para proporcionar una evaluación exhaustiva y precisa, algunas de las cuales incluyen:

- **Balanced Scorecard**: esta herramienta, desarrollada por Kaplan y Norton, evalúa el desempeño organizacional a través de cuatro perspectivas: financiera, del cliente, de procesos internos, y de aprendizaje y crecimiento. La última se centra específicamente en el Capital Intelectual, examinando cómo la organización cultiva y capitaliza su conocimiento y competencias.

- **Métricas de Recursos Humanos:** estas métricas, como la capacitación y desarrollo del personal, rotación y productividad, ayudan a evaluar el impacto del capital humano en la eficacia operativa de la organización.

- **Análisis de Propiedad Intelectual:** la evaluación de patentes y marcas registradas proporciona una medida del valor y el impacto de la propiedad intelectual de la organización en el mercado.

- **Análisis de redes sociales:** esta herramienta mide la influencia y la presencia digital de una organización, ofreciendo percepciones sobre su capacidad para interactuar y enganchar con clientes y stakeholders.

- **Encuestas de satisfacción:** tanto del cliente como del personal, estas encuestas proporcionan indicadores sobre la percepción del valor generado por la organización y su alineación con las expectativas de los stakeholders.

1.5.2 Contabilización del Capital Intelectual

La contabilización del Capital Intelectual representa un desafío significativo dentro de la práctica contable moderna debido a la naturaleza intangible y a menudo subjetiva de estos activos. Tradicionalmente, los estados financieros se han centrado en activos tangibles y pasivos mensurables, mientras que los activos intangibles, como el conocimiento, las habilidades y las relaciones, a pesar de su importancia crítica, han sido más difíciles de cuantificar y registrar.

Desafíos y evolución contable

Históricamente, la contabilidad ha tratado de abordar las limitaciones de los sistemas tradicionales para incorporar adecuadamente el Capital Intelectual en el Balance General. A lo largo de los años, diversos autores han propuesto métodos para medir activos intangibles en lo que se ha denominado la nueva economía o economía del conocimiento. Estas metodologías intentan responder a preguntas cruciales sobre la valoración de las empresas, que a menudo superan el valor total de sus activos físicos, destacando la importancia de elementos no reflejados en los balances tradicionales.

Modelos y propuestas de medición

La práctica contable ha evolucionado para intentar incluir mejor estos activos intangibles. Por ejemplo, Sveiby (1997) cuestionaba cómo una empresa puede valer varias veces el valor de sus activos tangibles y cómo se refleja este "valor adicional" en los mercados financieros, pero no en los estados contables. Estas reflexiones han impulsado el desarrollo de modelos que intentan alinear más estrechamente el valor contable con el valor de mercado, considerando elementos intangibles.

Por otro lado, se ha experimentado con diversas técnicas para reconocer y valorar estos activos, como la implementación de sistemas de gestión del conocimiento y la realización de encuestas para medir la satisfacción y lealtad del cliente. Estos enfoques ayudan a reflejar mejor el valor de la marca y la reputación, que son críticos para la contabilidad del Capital Intelectual.

Avances y normativas

A lo largo del siglo XXI, se ha observado un progreso en las normas contables internacionales y en los planes generales de contabilidad, que han incluido ensayos para la medición del Capital Intelectual, intentando mejorar su gestión y alineación con la estrategia empresarial. Aunque persisten insuficiencias, especialmente en la definición y reconocimiento de los componentes del Capital Intelectual en los estados financieros, donde muchos elementos todavía se reconocen como gastos en lugar de inversiones que crean valor.

Propuestas para el futuro

Para superar estas limitaciones, se ha propuesto que la contabilidad tradicional adopte nuevas pautas para la capitalización y subsecuente amortización de inversiones en activos intangibles, reconociéndolos de forma similar a como se reconocen las inversiones en activos físicos. Este enfoque ayudaría a reflejar más adecuadamente el valor real y potencial de los intangibles identificados con beneficios claros y cuantificables.

En resumen, mientras el proceso de contabilización del Capital Intelectual sigue siendo complejo y desafiante, la evolución continua de las prácticas y normativas contables está mejorando gradualmente cómo se valoran y reportan estos activos esenciales en los estados financieros de las empresas. Este progreso es vital no solo para la precisión de la información contable sino también para la toma de decisiones empresariales informadas y estratégicas.

1.6 Métodos y herramientas para la medición del Capital Intelectual.

El Capital Intelectual, que comprende activos intangibles como el conocimiento, habilidades, experiencia, y relaciones con los clientes, es fundamental para el valor y éxito a largo plazo de una organización. A continuación, se presentan métodos y herramientas avanzados para la medición e implementación del Capital Intelectual, que han sido adoptados y perfeccionados para abordar de manera efectiva estos activos dinámicos.

Modelos principales de medición

1. **Skandia Navigator:** desarrollado por la empresa de seguros sueca Skandia, este modelo estructura el Capital Intelectual en cuatro áreas clave: capital humano, estructural, de clientes y de innovación. Se utilizan indicadores cualitativos y cuantitativos para evaluar cada subcomponente, proporcionando una visión integral del valor intangible.

2. **Balanced Scorecard (BSC):** ampliamente reconocido por su enfoque integral, el BSC mide el desempeño empresarial a través de cuatro perspectivas —financiera, del cliente, de procesos internos, y de aprendizaje y crecimiento—, siendo esta última especialmente relevante para la evaluación del Capital Intelectual.

3. **Intangible Assets Monitor (IAM):** focalizado en la medición de activos intangibles, este modelo evalúa el capital humano, estructural y relacional utilizando métricas tanto financieras como no financieras para destacar el valor y eficacia de estos activos.

4. **Método de evaluación de activos intangibles de Sveiby:** este enfoque, propuesto por Karl Erik Sveiby, categoriza los activos intangibles en tres tipos: humano, estructural y de clientes. Utiliza indicadores específicos como satisfacción del cliente, tasa de rotación de empleados e innovaciones para medir cada tipo de capital.

5. **Procedimiento de evaluación del Capital Intelectual (ICE):** este procedimiento se centra en evaluar el valor económico del Capital Intelectual mediante la categorización en capital humano, estructural y de cliente, proporcionando una valoración económica completa del capital intangible.

6. **Método de valoración de activos intangibles (MIAV):** este método combina enfoques financieros y no financieros para determinar el valor de los activos intangibles, incluyendo el Capital Intelectual, adaptándose a las necesidades específicas de la organización.

7. **Valor Económico Agregado (EVA):** es una medida de rendimiento financiero basada en la generación de valor económico por parte de una empresa más allá del costo de su capital. En el contexto del Capital Intelectual, el EVA se utiliza para evaluar cómo los activos intangibles, como el conocimiento, las habilidades, y las relaciones empresariales, contribuyen efectivamente al desempeño económico de la organización.

El EVA es calculado como la diferencia entre el retorno neto operativo después de impuestos (NOPAT) y el costo del capital invertido en la empresa. Esta medida es especialmente relevante para la gestión del Capital Intelectual, ya que permite a las empresas identificar qué tan eficientemente están utilizando sus activos intangibles para generar valor por encima de su costo de capital.

En la práctica, el uso del EVA incentiva a las empresas a enfocarse en el desarrollo y la optimización del Capital Intelectual, puesto que resalta la importancia de invertir en activos que generen rendimientos superiores al costo del capital. Esto puede incluir inversiones en formación y desarrollo de empleados, mejoras en procesos internos, o fortalecimiento de relaciones con clientes y socios estratégicos.

Herramientas y softwares de implementación

1. *Intangible Asset Management System (IAMS):* diseñado para gestionar y medir activos intangibles como patentes, marcas y derechos de autor, facilitando la evaluación continua del Capital Intelectual.

2. *Intellectual Capital Navigator (ICN):* herramienta que ayuda a identificar, evaluar y maximizar el rendimiento de los activos intangibles en las empresas.

3. *Human Resource Information System (HRIS):* software que integra características para medir y gestionar el Capital Humano, rastreando competencias y desempeño de los empleados.

4. *Knowledge Management System (KMS):* facilita la gestión del conocimiento organizacional, promoviendo la captura, distribución y desarrollo de la cultura del aprendizaje dentro de la empresa.

Estos modelos y herramientas representan una selección de los métodos más efectivos y utilizados para comprender y optimizar el Capital Intelectual. Cada organización debe evaluar cuál de estos enfoques se adapta mejor a sus necesidades específicas, considerando que la medición y gestión del Capital Intelectual es un proceso dinámico y adaptativo, crucial para el crecimiento y la competitividad en la economía del conocimiento actual.

1.7 Importancia y métodos de contabilización de los activos intangibles.

A pesar de la profundidad y la amplitud de los temas ya tratados en los epígrafes anteriores, el presente epígrafe resultará útil para enfocar específicamente en la importancia estratégica de los activos intangibles dentro de los estados financieros, y en cómo su correcta valoración y contabilización pueden afectar significativamente la toma de decisiones y la evaluación de la empresa por parte de inversores y otros stakeholders.

Los activos intangibles, incluyendo el conocimiento organizacional, las habilidades, las patentes, y las relaciones con los clientes, constituyen una parte crucial del valor total de las empresas en la economía actual, dominada por la información y la innovación. La correcta contabilización de estos activos no solo refleja más precisamente el valor real de una organización, sino que también influye en la percepción de su salud financiera y potencial de crecimiento.

Importancia de los activos intangibles

1. **Valoración de la empresa:** los activos intangibles a menudo representan una parte sustancial del valor de mercado de una empresa, superando el valor de sus activos tangibles, especialmente en industrias como la tecnología, la farmacéutica y los servicios profesionales.

2. **Atracción de inversiones:** una adecuada contabilización de los activos intangibles puede hacer a una empresa más atractiva para los inversores, quienes buscan indicadores de innovación y capacidad de crecimiento sostenible.

3. **Decisiones estratégicas:** los ejecutivos utilizan la información sobre activos intangibles para hacer decisiones estratégicas sobre dónde invertir en desarrollo y crecimiento.

Métodos de contabilización

1. **Normas Internacionales de Información Financiera (NIIF):** estas normas, especialmente la NIIF para las PYMES y la NIC 38 sobre Activos Intangibles, ofrecen un marco para el reconocimiento, medición y divulgación de activos intangibles, exigiendo que estos activos generen beneficios económicos futuros y que su costo pueda ser medido de manera fiable.

2. **Amortización y pruebas de deterioro:** los activos intangibles con vida útil definida deben ser amortizados en este periodo, y aquellos con vida útil indefinida deben someterse a pruebas de deterioro anuales para asegurar que su valor contable no supere su valor recuperable.

- **Valoración de activos intangibles en fusiones y adquisiciones:** en el contexto de una adquisición, los activos intangibles como las relaciones con los clientes y las patentes adquiridas deben ser valorados y reflejados en el balance de la empresa adquiriente.

La contabilización efectiva de los activos intangibles requiere no solo un cumplimiento con las normas contables, sino también una comprensión profunda de cómo estos activos contribuyen al rendimiento y al potencial estratégico de la organización. Con los cambios constantes en el entorno de negocios y en las prácticas de contabilidad, es imperativo para las empresas mantenerse al día con las mejores prácticas y marcos regulatorios para gestionar y reportar sus activos intangibles de manera que refleje fielmente su valor y potencie su competitividad.

1.8 Conclusiones del Capítulo

El análisis exhaustivo del Capital Intelectual dentro de este capítulo subraya su significado transcendental como un recurso clave en la economía basada en el conocimiento de hoy. A través de la exploración de sus componentes —Capital Humano, Capital Estructural, y Capital Relacional— hemos evidenciado cómo estos activos intangibles constituyen la esencia del valor y la ventaja competitiva sostenible de las organizaciones contemporáneas.

La implementación de modelos y herramientas sofisticadas para la medición y contabilización de estos activos no solo facilita una comprensión más profunda de su contribución al éxito empresarial, sino que también permite una gestión más eficaz y estratégica de los mismos. Desde el Skandia Navigator hasta el Balanced Scorecard y más allá, los métodos discutidos reflejan una evolución hacia enfoques más integrados y holísticos que capturan la complejidad del Capital Intelectual.

La contabilización de los activos intangibles sigue presentando desafíos debido a su naturaleza elusiva y a menudo subjetiva. Sin embargo, la adopción de normas internacionales y el desarrollo de metodologías rigurosas son pasos críticos hacia la representación más precisa del valor real de las empresas en sus estados financieros, lo que a su vez mejora la transparencia y la toma de decisiones informadas por parte de los stakeholders.

1.9 Resumen de los puntos clave tratados y su relevancia para la gestión empresarial.

Este capítulo ha abordado varios aspectos esenciales del Capital Intelectual, resumiendo su importancia y metodologías para su efectiva gestión en el entorno empresarial actual:

- **Componentes del Capital Intelectual:** el Capital Humano, Capital Estructural, y Capital Relacional son pilares fundamentales que, juntos, forman la base del valor intangible de una organización. Cada componente aporta de manera única al crecimiento y la innovación, destacando la necesidad de estrategias de gestión diferenciadas que reflejen sus roles específicos.

- **Métodos de medición y contabilización:** se ha destacado la importancia de implementar marcos como el Balanced Scorecard y sistemas como el Skandia Navigator para medir y gestionar el Capital Intelectual. La precisión en estas mediciones permite a las empresas no solo entender mejor su valor intangible, sino también comunicarlo eficazmente a inversores y otros actores clave.

- Desafíos en la contabilización: a pesar de los avances en las normativas y prácticas contables, la inclusión de activos intangibles en los estados financieros sigue siendo un área compleja que requiere atención continua. El reconocimiento adecuado de estos activos es crucial para reflejar la verdadera riqueza y potencial de las empresas en la economía global.

- **Impacto estratégico:** la gestión efectiva del Capital Intelectual no solo mejora la competitividad y la innovación, sino que también fortalece la sustentabilidad a largo plazo de las organizaciones. En este sentido, la capacidad de una empresa para administrar y capitalizar su Capital Intelectual se ha convertido en un indicador clave de su habilidad para adaptarse y prosperar en mercados dinámicos y a menudo disruptivos.

En conjunto, este capítulo refuerza la idea de que el Capital Intelectual debe ser reconocido y valorado no solo como un conjunto de activos intangibles, sino como un factor integral y estratégico en la planificación y ejecución de la visión empresarial. La comprensión y aplicación de los conceptos y herramientas discutidos aquí es vital para cualquier líder empresarial o gestor que aspire a fomentar la innovación y el éxito en la era del conocimiento.

Capítulo 2: Implementación y Evaluación del Capital Intelectual

En el dinámico entorno empresarial actual, la gestión eficaz de los activos intangibles junto con los tangibles se ha vuelto crucial para que las organizaciones no solo sobrevivan, sino también prosperen. Según Cuervo et al., 2021, la integración efectiva de estos activos es fundamental para la sostenibilidad organizacional en mercados que exigen un nivel cada vez mayor de competitividad (França & Rua, 2018; Miotto, Silva, & Anastácio, 2020). Este contexto impone a las empresas el desafío de innovar y diferenciarse de manera continua, donde el Capital Intelectual (CI) juega un papel decisivo, sustentando la economía en recursos como la gestión de marcas, la experiencia de los empleados, la creatividad y la calidad de productos y servicios (Costa, Monteiro, & Santos, 2020).

El CI no solo incorpora métricas y componentes críticos asociados con el capital humano, estructural y relacional, sino que también se adentra en ámbitos aún en consolidación con implicancias normativas según el marco legal de cada país y empresa. Diversos autores han abordado la noción de activos intangibles o activos de conocimiento (Armenteros & Vega, 2000; Rivero et al., 2003; Bueno, 2013; Serenko & Bontis, 2013; Archibold & Escobar, 2015; Vega, 2017; Pastor et al., 2017), reflejando cómo la literatura científica maneja estos términos y sus implicancias.

Pardo-Cueva et al. (2018) destacan que el CI ha sido tradicionalmente percibido como un "capital oculto o invisible", ya que la contabilidad convencional, con sus principios y prácticas de base jurídica y financiera, no lo considera ni lo refleja adecuadamente en los estados financieros. La valoración del CI es particularmente desafiante, fluctuando en función de las condiciones del mercado (Melian, 2018), y su correcta gestión puede aumentar significativamente el valor económico y jurídico de todos los activos de una empresa.

En los últimos años, se ha observado un creciente interés académico y empresarial por la medición y gestión del Capital Intelectual, reflejado en un número cada vez mayor de estudios y análisis profundos sobre este tema. Esta tendencia subraya la importancia creciente de los activos intangibles como determinantes cruciales del rendimiento y la competitividad organizacional. Por ejemplo, Di Ubaldo y Siedschlag (2020) investigaron la relación entre la inversión en capital basado en el conocimiento y la productividad en economías pequeñas y abiertas, destacando el impacto significativo de estos activos en el crecimiento económico (Di Ubaldo & Siedschlag, 2020).

De manera similar, estudios como los de Kaus, Slavtchev y Zimmermann (2020) en el contexto de la manufactura alemana, y Li y Hall (2020) en la depreciación del capital en I+D, han proporcionado evidencia a nivel de firma sobre cómo el capital intangible puede ser crucial para la innovación y la eficiencia (Kaus, Slavtchev, & Zimmermann, 2020; Li & Hall, 2020). Además, investigaciones como las de Piekkola y Rahko (2020), y Roblek et al. (2022) han examinado cómo los activos intangibles influyen en el crecimiento innovador y la agilidad organizacional, respectivamente (Piekkola & Rahko, 2020; Roblek et al., 2022).

Estos estudios, junto con otros como los de Roth (2022) y Ahlawat, Sharma, y Kumar (2023), que exploran las interacciones entre el capital intangible y variables como el estado de derecho y el capital intelectual verde, demuestran la diversidad y la profundidad de la investigación actual en este campo vital (Roth, 2022; Ahlawat, Sharma, & Kumar, 2023).

A continuación, presentaremos una serie de modelos y procedimientos que han sido desarrollados para medir e implementar el CI de manera efectiva, permitiendo a las organizaciones optimizar estos activos cruciales para su éxito a largo plazo.

2.1 Modelos y Procedimientos para la Implementación

En este epígrafe, exploraremos diversos modelos y procedimientos establecidos para la implementación efectiva del Capital Intelectual en las organizaciones. A través de la cronología de la Tabla 1, destacaremos los enfoques significativos y sus contribuciones a lo largo del tiempo, mostrando cómo cada modelo ha influido en la práctica contemporánea de la gestión del Capital Intelectual.

Tabla 1. Cronológica de modelos y procedimientos de implementación del Capital Intelectual

Año	Modelo/ Procedimiento	Descripción	Contribución Clave
1992	Cuadro de Mando Integral (CMI)	Desarrollado por Robert Kaplan y David Norton, el CMI es un sistema de gestión estratégica que mide indicadores financieros y no financieros.	Introdujo la perspectiva de "aprendizaje y crecimiento" para evaluar el Capital Intelectual.
1994	Navigator de Skandia	Primer informe corporativo que	Pionero en la presentación

		incluía indicadores de Capital Intelectual, estableciendo un modelo para la visualización del mismo.	estructurada del Capital Intelectual en informes anuales.
1996	Modelo de Capital Intelectual de Sveiby	Karl Erik Sveiby desarrolla un marco para medir el Capital Intelectual dividiéndolo en capital humano, estructural y relacional.	Uno de los primeros modelos explícitos para la medición y gestión del Capital Intelectual.
1997	IC-Index	Desarrollado en Suecia, el IC-Index permite a las empresas evaluar su Capital Intelectual basándose en el crecimiento y la renovación.	Facilita una visión dinámica del desarrollo del Capital Intelectual a lo largo del tiempo.
2001	Modelo VAIC™ (Valor Añadido del Capital Intelectual)	Creado por Ante Pulic, el VAIC™ mide la eficiencia del capital empleado, incluyendo el Capital Intelectual.	Proporciona un método simple y efectivo para calcular la contribución del Capital Intelectual al desempeño financiero.

2004	Modelo de Dirección Estratégica por Competencias	Este modelo español considera el Capital Intelectual como base para la ventaja competitiva y la estrategia empresarial.	Integra el Capital Intelectual con la planificación estratégica y la gestión por competencias.
2010	Modelo WICI (World Intellectual Capital/Assets Initiative)	Modelo global para la medición y comunicación del Capital Intelectual, promoviendo estándares internacionales.	Fomenta la transparencia y la comparabilidad en la medición del Capital Intelectual a

Implementación de los modelos en la gestión empresarial

La implementación de estos modelos en la gestión empresarial requiere un enfoque integrado que combine aspectos estratégicos, operativos y de recursos humanos. Los líderes empresariales y los gestores deben:

- **Integrar:** alinear los modelos de Capital Intelectual con la visión y la estrategia corporativa para asegurar que los esfuerzos de medición y gestión reflejen los objetivos organizacionales.

- **Capacitar:** formar a los empleados en la importancia del Capital Intelectual y en cómo pueden contribuir a su desarrollo y gestión.

- **Evaluar:** implementar ciclos de revisión regulares para evaluar la efectividad de los modelos implementados y hacer ajustes conforme a las necesidades emergentes y los cambios del mercado.

En esencia, los modelos y procedimientos para la implementación del Capital Intelectual han evolucionado significativamente, cada uno aportando una perspectiva única y herramientas para su gestión efectiva. La elección e implementación de estos modelos deben considerar las características específicas de cada organización, así como su entorno competitivo y cultural. A través de una aplicación cuidadosa y estratégica de estos modelos, las empresas pueden maximizar el valor de sus activos intangibles y asegurar una ventaja competitiva sostenible en el mercado global.

2.1.1 Propuesta de un modelo operativo para implementar y evaluar el Capital Intelectual.

En el marco de la contabilidad internacional, se observa una tendencia cada vez más marcada hacia la valorización de los activos intangibles en la creación de valor para las organizaciones empresariales. Desde finales del siglo XX, se ha priorizado la adquisición de conocimientos y habilidades en la fuerza laboral, destacando la necesidad de contabilizar adecuadamente estos activos que se transforman en factores clave para el posicionamiento competitivo de las empresas.

Los activos intangibles no solo son esenciales para aumentar la inversión productiva en economías desarrolladas, sino que también enfrentan desafíos únicos en su gestión debido a su naturaleza basada en la información. Estos activos ofrecen ventajas competitivas sustanciales sobre los activos materiales, debido a su mayor dificultad para ser adquiridos y replicados, introduciendo "imperfecciones" competitivas que pueden ser fuentes de beneficios sustanciales para las empresas, aunque también pueden conllevar pérdidas de bienestar para la comunidad.

Los informes financieros tradicionales, adecuados para las necesidades de las industrias intensivas en capital en el siglo XX, enfrentan limitaciones en su capacidad para captar la realidad de los activos intangibles debido a su enfoque en costos y su concentración en eventos históricos a través de informes anuales convencionales.

Diversos modelos han sido desarrollados para capturar el valor de los activos intangibles organizativos, tales como EVA, MVA y medidas de flujo de caja, junto con modelos de valoración de intangibles y sistemas de medición de rendimiento como el Balanced Scorecard y modelos de medición del Capital Intelectual como Skandia Navigator y el Modelo de Dirección Estratégica por Competencias.

Actualmente, se reconocen dos enfoques principales para la medición de los intangibles:

- **Enfoque contable:** se centra en la exploración de normas y principios adaptados a las características de los intangibles para su adecuada presentación en los Estados Financieros. Este enfoque ha enfrentado retos significativos debido a la tendencia a aplicar viejas reglas a nuevos paradigmas, lo que lleva a la búsqueda de nuevas formas de medir y presentar los elementos del Capital Intelectual.

- **Enfoque de gestión:** diseña herramientas que permiten medir y gestionar los elementos que conforman el Capital Intelectual, presentando esta información en un informe adicional a los Estados Financieros. Este enfoque ha ganado preponderancia, ya que, mediante la valoración cualitativa basada en una serie de indicadores, se logra un valor más objetivo que aportan los intangibles.

El Modelo Vega-Rivero, desarrollado entre 2001 y 2007 (actualizado sistemáticamente del 2008 hasta la actualidad), y aplicado con éxito, fundamentalmente en el contexto hotelero, se basa en la revisión bibliográfica de los modelos Intellec e Intellectus. Este modelo adopta términos como Capital Humano, Capital Estructural, y Capital Relacional del Euroforum 1998, y añade el término Capital Social del Euroforum 2002. Un aspecto diferenciador es la división del Capital Relacional en Capital de Clientela, Capital de Proveedores e Interrelación con otros Agentes, ofreciendo una perspectiva más detallada para transformar la información en acción.

El procedimiento de implementación y evaluación del modelo se apoya en técnicas y herramientas estadísticas avanzadas, proponiendo una estructura detallada para la elaboración del Informe de Capital Intelectual. El cálculo del Capital Intelectual se fundamenta en la categoría económica del valor percibido, utilizando un modelo aditivo, compensatorio y lineal, que refleja efectivamente el valor agregado por los intangibles a la organización.

En la Figura 1 se muestra el Modelo Vega-Rivero, mientras que en la Figura 2 se expone su correspondiente procedimiento de implementación y evaluación del Capital Intelectual.

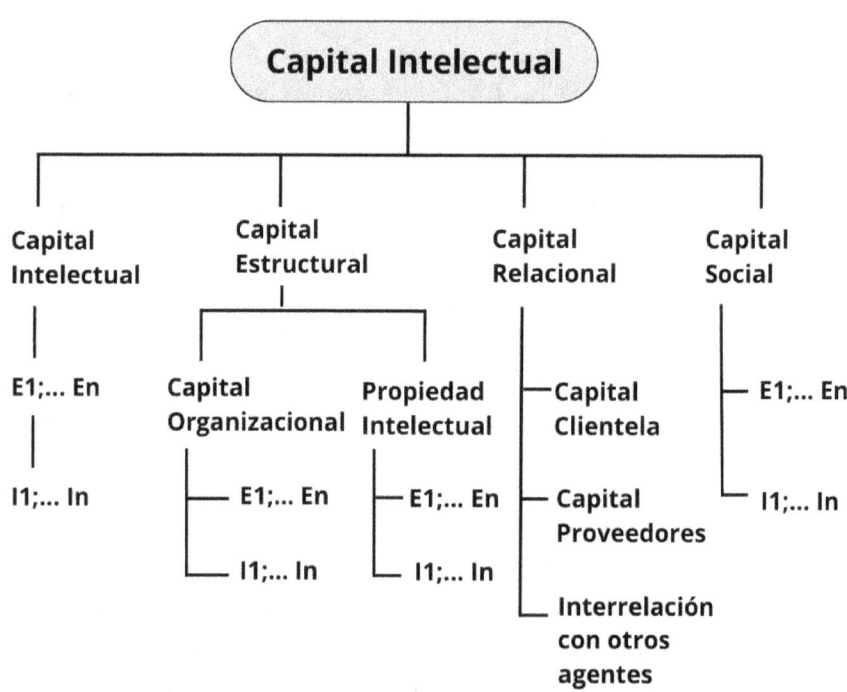

Figura 1. Modelo Vega-Rivero.

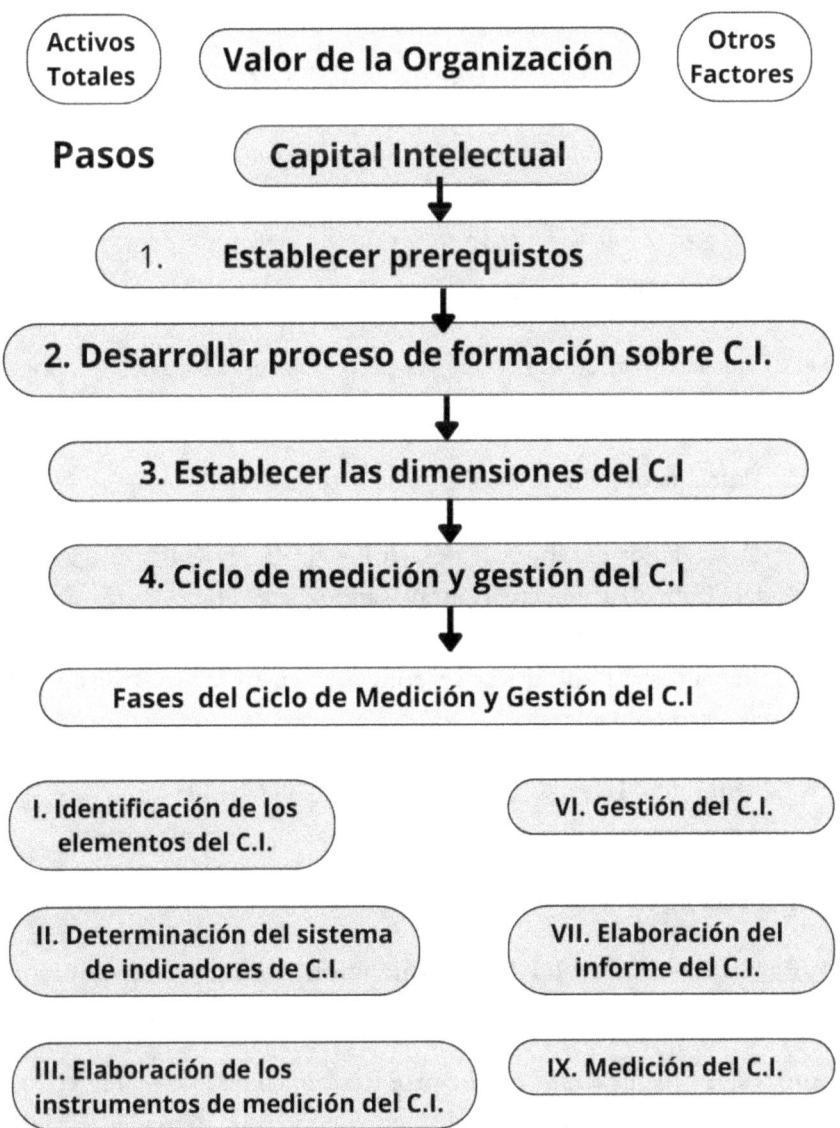

Figura 2. *Procedimiento de implementación y evaluación del Capital Intelectual*

Los pasos iniciales se orientan a la búsqueda del valor de la organización, la cual está sostenida por los activos intangibles, identificándose como Capital Intelectual, asimismo se muestran los activos tangibles, los cuales continúan ostentando relativa importancia dentro del contexto empresarial como soporte de los inmateriales, aun cuando no simbolicen a la mayoría de los elementos destinados a crear valor. Al mismo tiempo, se incluyen otros factores con el objetivo de incluir aspectos exógenos propios de los mercados, así como de los concernientes al proceso de negociación (habilidades de los vendedores, necesidad de la compra, entre otros).

El modelo y procedimiento propuestos se distinguen por:

- Extrapolable, ya que puede ser aplicado a cualquier organización.

- Claridad y orden lógico en sus pasos y fases, las cuales se apoyan en herramientas y técnicas estadísticas.

- Alineamiento con la estrategia de la organización.

- Carácter flexible, pues el desarrollo del ciclo medición y gestión del Capital Intelectual atravesando sus fases, parte de las dimensiones propuestas en el modelo y la identificación de los elementos e indicadores se convierte en un proceso específico para cada organización.

- Profundo, con la finalidad de detallar cada uno de sus componentes y acciones necesarias para las organizaciones.

A continuación, se detalla el procedimiento:

1er Paso: Establecer en la organización algunos prerrequisitos básicos para el éxito del sistema de CI:

Dentro de la organización se debe propiciar un clima favorable para que la medición del Capital Intelectual se convierta en un verdadero sistema que a su vez genere o incremente el mismo de forma sostenible.

Los siguientes prerrequisitos influyen en la creación del citado clima:

- La organización debe tener un grado de madurez que le permita comprender la necesidad de analizar sus resultados en términos financieros y no financieros.

- Debe estar claramente definida y actualizada la Misión y la Visión de la organización a través de la planeación estratégica, preferiblemente soportada en un Cuadro de Mando Integral.

- Debe existir un compromiso e implicación de todos los miembros de la organización en el afán de implementar el sistema de Capital Intelectual, principalmente por parte de la alta dirección.

- El sistema de Capital Intelectual debe estar alineado con los procesos de la organización y en especial con el sistema de gestión de la calidad.

- Conciencia de que el eje central es la búsqueda de aproximaciones y no exactitudes, partiendo del criterio de que "es preferible acercarse oportunamente que acertar tardíamente".

2do Paso: Desarrollar un proceso de formación o educación sobre el Capital Intelectual.

Una vez establecidos los prerrequisitos, se debe extender a toda la organización el conocimiento de lo que se pretende con la implementación del Capital Intelectual, sus objetivos, alcance, papel de cada miembro de la organización, utilidad de la información, entre otros aspectos.

Esta formación puede realizarse a través de consultores o profesionales especialistas en el tema, aunque el equipo de dirección juega un papel importante en lo que se refiere a los aspectos específicos de la organización, además evidencia compromiso con la meta que se propone alcanzar: implementar un sistema de Capital Intelectual.

En los casos en que los autores de la presente obra han brindado servicios de consultoría sobre este tema en diversas empresas, este paso ha resultado de gran utilidad en los resultados finales de la medición y gestión.

3er Paso: Establecer las dimensiones del Capital Intelectual.

Según se ha podido observar en la cronología sobre este tema, los investigadores han propuestos diferentes subdivisiones de Capital Intelectual, aunque contemplando los tres componentes esenciales: humano, estructural y relacional. En este procedimiento se propone partir de los establecidos en el modelo Vega-Rivero (Ver Figura 1).

En esencia, las **dimensiones** propuestas son:

I. Capital Humano (CH): se conforma por la creatividad, destreza, potencialidad de investigación, conocimientos, talento y experiencias, entre otras cosas de los miembros de la organización.

II. Capital Estructural (CE): el Capital Estructural se ha dividido en dos componentes:

- **Capital Organizacional:** identifica la forma en que la organización define las metodologías, procesos y garantiza la infraestructura que hacen posible su funcionamiento. El mismo no se refiere, por ejemplo, al estado físico de computadoras que forman parte de los sistemas de información, se refiere a la forma eficiente en que esas computadoras son utilizadas.
- **Propiedad Intelectual:** consiste en potenciar la Propiedad Intelectual que se destina a la protección de innumerables creaciones que más tarde se convertirán en productos y a la legalización de componentes a través de patentes.

III. Capital Relacional (CR): está subdividido en tres componentes para facilitar el proceso de toma de decisiones:

- **Capital Clientela:** constituido por aquellos elementos relacionados con los clientes externos de la empresa.
- **Capital Proveedores:** constituido por aquellos elementos relacionados con los proveedores de la empresa.
- **Interacción con otros agentes:** constituido por aquellos

elementos relacionados con agentes que desde el punto de vista social interactúan con la empresa.

La relación que se mantiene con universidades, hospitales, escuelas y diversas instituciones, entre otros, hace que la organización interactúe con su entorno.

IV. Capital Social (CS): incluye aspectos como los relacionados con el medio ambiente, el compromiso social, la imagen organizacional, la ética y el buen gobierno corporativo. Esta dimensión ha sido tomada del Modelo Intellectus de Eduardo Bueno.

Una vez establecidas las dimensiones se desarrollará a partir de las mismas el ciclo de medición y gestión, adaptándolos a los requerimientos específicos de cada organización, teniéndose en cuenta las estrategias y objetivos de cada una en particular.

<u>4to Paso</u>: **Desarrollar el ciclo de medición y gestión del Capital Intelectual.**

En este ciclo de medición el desarrollo de las fases I, II, III, IV se apoya en diferentes técnicas estadísticas que contribuyen a elevar la objetividad de la investigación como, por ejemplo: método de expertos, ordenación por prioridades, normalización de la información, entre otros.

El proceso de medición y gestión del Capital Intelectual se realiza a partir de las dimensiones establecidas en el 3er. paso y consta de varias fases:

Fase I: Identificación de los elementos del Capital Intelectual

A partir del análisis de los objetivos de la organización, se identifican aquellos intangibles que contribuyen a la creación de valor en la misma. En los estudios desarrollados con los expertos y en la revisión bibliográfica se ha evidenciado que existe un grupo de elementos que pueden generalizarse a cualquier entidad, como, por ejemplo:

I. Capital Humano (CH):

- ✓ Satisfacción del cliente interno.
- ✓ Clima socio-laboral.
- ✓ Formación profesional.
- ✓ Motivación.
- ✓ Comunicación
- ✓ Sentido de pertenencia e implicación.
- ✓ Capacidad de innovación.
- ✓ Liderazgo.
- ✓ Competencias profesionales.
- ✓ Trabajo en equipo.

A continuación, se comentan brevemente los mismos:

Satisfacción del cliente interno:

Es un aspecto sumamente relevante para los directivos de la empresa cubana de hoy. El índice de satisfacción laboral indica la habilidad de la organización para cubrir las necesidades de los trabajadores e involucra aspectos tales como: condiciones de trabajo, estilo de dirección, relaciones interpersonales, motivación, nivel de compromiso y sentido de pertenencia; factores estos que conllevan a un clima laboral satisfactorio, cuando entre ellos existe una conjugación armónica.

Es por ello que la satisfacción no es más que la actitud que mantiene el trabajador frente a las tareas que realiza y está condicionada, a la vez, por los factores antes mencionados.

La satisfacción laboral mejora la productividad global de la organización y reduce el absentismo. Centra su atención en dos perspectivas del trabajador:

> ➢ Valuación sobre lo que el puesto y el trabajo le proporcionan en la actualidad.

> ➢ Lo que el trabajador desea, o cree que debe proporcionarle el trabajo.

SATISFACCIÓN = LO QUE ES (comparado con) LO QUE DEBERÍA SER.

Clima socio-laboral

Se refiere al ambiente interno existente entre los miembros de la organización y se encuentra en estrecha relación con el grado de motivación de sus participantes. Se refiere a aspectos del clima que lleva a provocar distintas especies de motivación.

> Para lograr un adecuado clima socio laboral en una organización se deben tener en cuenta los siguientes aspectos:

> ➢ Lograr un colectivo donde se respire un ambiente de unidad.

> ➢ Crear un elevado sentimiento de pertenencia.

> ➢ Incentivar la creatividad.

> ➢ Ser receptivo a todas las ideas.

> ➢ Crear un ambiente de comunicación abierta.

Formación profesional

Vincula el mundo empresarial con el de la educación. Se concibe la formación como el agregado de actividades que poseen como propósito final lograr acrecentar la profesionalidad y competencia de los integrantes de la organización a través de conocimientos, actitudes y valores comunes.

Facilita el desarrollo pleno de cada empleado favoreciendo así a la obtención de resultados empresariales.

Motivación

Es un elemento esencial para explicar el comportamiento humano en general y el de las organizaciones en particular, como resultado del conjunto de necesidades, deseos y expectativas del individuo.

Se debe hablar más que de motivación, de movilización o dinamización, entendiendo por movilización, impulsar la energía e inteligencia de todo el personal alrededor a unos objetivos comunes y a un proyecto empresarial, es decir, se intenta movilizar planificada y coordinadamente, a todos los integrantes de la organización con el objetivo de hacer que la estrategia sea ejecutada exitosamente.

La motivación consiste en involucrar a todos en la estrategia organizacional. Sin embargo, según Krech, Crutchifield y Ballachey, referenciados por (Chiavenato, 2001) es dada en términos de fuerzas activas, impulsadoras. Implica la destreza para comunicar, hacer frente, fomentar, implicarse, delegar, desarrollar y adiestrar, así como informar, resumir y ofrecer una recompensa justa. Está constituida por todos los factores capaces de provocar, mantener y dirigir la conducta hacia un objetivo, siendo a la vez objetivo y acción.

Sentido de pertenencia e implicación (compromiso organizacional)

Habilidad y disposición del individuo para alinear su conducta con las necesidades, prioridades y transformación de la organización.

De acuerdo con (Davis & Newstrom, 1999), el grado de compromiso suele reflejar el acuerdo del empleado con la misión y las metas de la empresa, su disposición a empeñar su esfuerzo a favor del cumplimiento de éstas y sus intenciones de mantenerse en ella como uno de sus miembros. Significa que un trabajador comprometido se convierte en un inversor del negocio, aportando sus conocimientos, habilidades, destrezas y experiencia en aras de crear valor y a su vez lograr su satisfacción y realización personal.

Comunicación:

De acuerdo con (Fernández, 1999) se define como el conjunto de actividades efectuadas por cualquier organización para la creación y mantenimiento de buenas relaciones con y entre sus miembros, a través del uso de diferentes medios de comunicación que los mantenga informados, integrados y motivados para contribuir con su trabajo al logro de los objetivos organizacionales.

Según (Davis & Newstrom, 1999) es el proceso de pasar información y comprensión de una persona a otra. La comunicación incluye al menos dos personas: un emisor y un receptor.

Es un fenómeno innato a la relación grupal de los seres vivos a través del cual éstos consiguen información acerca de su entorno y de otros entornos y son capaces de compartirla haciendo partícipes a otros de esa información.

Etimológicamente, la palabra comunicación proviene del latín *"comunicare"*, que puede transcribirse como "poner en común, compartir algo".

En esencia la comunicación es la interacción de las personas que ingresan en ella como sujeto. No solamente se refiere a la influencia de un sujeto en otro, sino de la interacción. Para la comunicación se precisan como mínimo dos personas, cada una de las cuales actúa como sujeto.

La comunicación es un proceso de interacción social mediante símbolos y sistemas de mensajes. Circunscribe todo proceso en el cual el comportamiento de un ser humano actúa como inducción de la conducta de otro ser humano, pudiendo ser verbal, o no verbal, interindividual o intergrupal.

Capacidad de innovación

Es la capacidad de crear o mejorar algo (por ejemplo, un producto, un servicio o ambos, aunque también pueda ser un proceso industrial, una forma de gestión empresarial, diseño o mejora de un proceso) que es nuevo o diferente (no existe en ninguna otra parte) y que aporta valor añadido a alguien (al cliente) en comparación con las soluciones ya existente.

La competencia es tan aguda, que la empresa requiere cada vez más esa imaginación y ese conocimiento para, más que satisfacer al cliente, sorprenderlo y embriagarlo con la buena calidad del servicio.

Liderazgo

Debe ser entendido, primeramente, como una clase de influencia mediante la cual se puede lograr que los miembros de una organización colaboren voluntariamente y con entusiasmo al logro de los objetivos organizacionales.

El líder es aquella persona que influye en las demás por su carisma, por sus habilidades y conocimientos, haciendo que el resto partícipe en las actividades de la organización que él apoya, sin que para ello tenga que estar dotado de autoridad formal.

Según (Stoner, Freeman, & Gilbert JR., 1996), el liderazgo implica dirigir, influir y motivar a los empleados para que realicen tareas fundamentales, es también una labor muy concreta, pues requiere un trabajo directamente con la gente, con el objetivo de establecer una atmósfera adecuada para que los administradores contribuyan a que los empleados den lo mejor de sí.

Competencias profesionales

Es la capacidad de un individuo para aplicar el conjunto de conocimientos, habilidades y actitudes en el desempeño de una función laboral; de movilizar, articular y poner en acción valores, conocimientos y habilidades necesarios para el desempeño eficiente y eficaz de actividades requeridas por la naturaleza del trabajo.

El concepto de competencia abarca además de las capacidades demandadas para la ejecución de una actividad profesional, un conjunto de comportamientos, facultad de análisis, toma de decisiones, transmisión de información considerados necesarios para el pleno desempeño de la ocupación.

Los empleados que tengan competencias serán capaces de tomar para sí situaciones dinámicas donde la expansión del conocimiento en función de objetivos y estrategias será el componente decisivo en la búsqueda de la competitividad.

Trabajo en equipo

En la gestión empresarial contemporánea de las organizaciones, la colaboración de sus integrantes y grupos de interés ha logrado un rol protagónico por su capacidad para lograr un rango preferente de compromiso e identificación con la entidad, para estimular y dirigir la capacidad creativa e innovadora de los individuos y acrecentar la calidad y la productividad en el trabajo.

Es una tendencia actual en las organizaciones modernas. Si bien es cierto se ha requerido de éste siempre y en todas las sociedades humanas, pero hoy se evidencia como condición sin la cual no es posible avanzar con firmeza y rapidez.

El trabajo en equipo implica que todas las personas involucradas estén orientadas hacia una meta común, logrando la sinergia que les permitirá llegar más rápido y mejor que si cada uno se reparte un segmento del trabajo. Es decir, el compromiso y la identificación son requisitos fundamentales para el trabajo en equipo.

El trabajo en equipo se contrasta con el trabajo grupal, mientras en el primero todos se sienten responsables por la meta común; en el trabajo grupal la tendencia es a fragmentar la responsabilidad, y cada persona se hace responsable de su comportamiento.

Cuando se tiene la actitud para trabajar en equipo, es cuando verdaderamente se tiene la capacidad de crear valor ya sea para la organización, para la sociedad o para algún proyecto que tenga una meta común.

El trabajo en equipo trae consigo los siguientes **beneficios**:

- Disminuye la carga de trabajo, ya que varias personas colaboran.
- Se obtienen mejores resultados.
- Se desarrolla el respeto y la escucha.
- Permite organizarse de una mejor manera.
- Mejora la calidad del comercio interno y externo.

Hay sectores de actividad en los cuales el trabajo en equipo es parte de la estrategia para minimizar los accidentes fatales. Trabajar en equipo asegura, siempre que haya condiciones, una mejor calidad de los resultados. Trabajar en Equipo pone en práctica el concepto de la sinergia, al potenciar los resultados.

II. Capital Estructural (CE)

El Capital Estructural se ha subdividido en Propiedad Intelectual y en Capital Organizacional. Dentro de los componentes de ambos, se pueden citar los siguientes:

✓ **Propiedad Intelectual:**

> Nombre comercial, marcas, patentes.

> Registro de software.

> Investigación y desarrollo (I + D)

✓ **Capital Organizacional**

> ➢ Cultura organizacional.

> ➢ Procesos organizacionales.

> ➢ Sistemas de información.

> ➢ Cultura innovadora.

A continuación, se comentan brevemente los mismos:

> ➢ **Nombre comercial:** es el signo o denominación que sirve para identificar a una persona física o jurídica en el ejercicio de su actividad empresarial y que distinguen tal desenvolvimiento de las otras idénticas o similares. A diferencia de las marcas, que distinguen los productos o servicios de la empresa, el nombre comercial distingue a esta última en el ejercicio de su actividad económica.

> ➢ **Marcas comerciales:** es un bien inmaterial que es válido para diferenciar productos y servicios, contiene una o más palabras con o sin ningún contenido conceptual, dibujos, emblemas, monogramas, gravados, estampados, imágenes, combinaciones de colores aplicados a un área determinada de un producto o su envase, la envoltura, combinaciones de letras y números con diseño especial, slogans publicitarios, relieves distintivos y todo otro signo con tal capacidad.

> La marca comercial también representa la reputación de sus fabricantes. El registro de una marca otorga a su titular, la exclusiva de utilizarla para identificar todos los productos y servicios brindados por la entidad. Resumidamente una marca comercial posibilita:

>> ❖ Diferenciarse frente a la competencia.

>> ❖ Mostrar la procedencia empresarial.

❖ Indicar calidad y características afines.

❖ Consumar y fortificar la función publicitaria.

➢ **Patente:** es un título que registra el derecho de explotar en exclusiva la invención patentada, imposibilitando a otros su fabricación, venta o utilización sin aprobación del titular. Las invenciones pueden catalogarse en dos marcadas categorías: de productos y de procedimientos.

Las invenciones de productos son, básicamente, las invenciones que tienen forma tangible, tales como máquinas, equipos y aparatos.

La invención puede residir no sólo en un producto autónomo sino además en un producto que sea una parte de otro.

Una invención de procedimiento reside en una serie de etapas formadas por operaciones o actividades técnicas, cuyo orden y sucesión integran el ciclo que debe cumplirse para obtener un producto o un resultado.

➢ **Registro de software y patentes:** derechos de propiedad intelectual o industrial adecuadamente registrados, que posibilitan la explotación exclusiva de ese derecho, productos de la I+D.

➢ **Investigación y Desarrollo (I + D):** la labor de I+D radica en la ejecución de trabajos creativos que se desarrollan de forma sistemática, con el propósito de acrecentar el volumen de conocimientos sobre la realidad y la ejecución de ellos para crear nuevas aplicaciones. En este ámbito, el esfuerzo en innovación reside en la realización de actividades financieras, de gestión de personal, marketing o productivas que, aunque no son actividades de I+D, tributan un grado de novedad significativo con relación a la posición habitual de la empresa en el mercado.

- **Cultura organizacional:** es similar al concepto de personalidad a nivel individual. La cultura de las organizaciones se conforma por dos niveles fundamentales:

  1. El nivel implícito que se refiere a lo que se piensa en la empresa; el cual está compuesto por los valores compartidos que representan los valores primarios de la cultura preponderante.

  2. El explícito o visible que se refiere a los artefactos culturales como son:

     ❖ Lo que la empresa hace (procedimientos, conductas, organigramas, tecnologías, etc.)

     ❖ Lo que la empresa parece, se refiere a aspectos físicos e imagen (logotipo, edificio, zona de ubicación, entre otros)

  En concordancia con (Robbins, 1999) la cultura organizacional "se refiere a un sistema de significado compartido entre sus miembros y que distingue a una organización de las otras".

  Por su parte, (Goddard, 1997), resalta la necesidad de una estructura flexible y abierta a los cambios, el seguimiento de una conducta o ética por parte de los miembros, su cohesión, su compromiso con la entidad o inspiración a la hora de brindar el servicio.

- **Procesos organizacionales:** la organización debe tener correctamente diseñados sus procesos y sistemas de control de fallas antes de llegar al cliente, siendo fuentes de beneficio futuro.

- **Sistemas de información:** los sistemas de información y las tecnologías ya no sólo procesan información, sino que gestionan conocimiento.

  Las organizaciones deben contar con un sistema eficiente, que favorezca el flujo interno de información y conocimiento, constituyendo un activo intangible importante.

El Retorno de la Inversión (ROI) se puede medir en concordancia con el aumento en el nivel de calidad de la comunicación y en cómo se ha logrado sustituir las formas tradicionales de comunicación, como los impresos y la interacción persona a persona, originando una reducción en los costos, puede emplearse como vía de autoformación continua y de actualización.

Por otra parte, determinadas características de la información como son: ser rápida, oportuna, fundamentada en información concreta, contribuirán a apoyar el proceso de toma de decisiones, haciéndolo más eficiente y efectivo.

> **Cultura innovadora:** la innovación es el aspecto clave que explica la competitividad, mediante ella se puede elevar la calidad y el rendimiento, brindar un mejor servicio, lograr tiempos de respuesta más breves, funcionalidades más convenientes y mayor seguridad y fiabilidad.

El único modo de que una empresa sea competitiva a largo plazo es innovando más que la misma competencia.

La cultura de innovación estriba en las capacidades y habilidades que tiene una persona, condiciones ambientales y estructurales presentes en su medio.

Para establecer la cultura de la innovación en la empresa debe disponerse de un excelente compromiso de la alta dirección, se debe propiciar el trabajo en equipo y los medios adecuados, se deben establecer indicadores que posibiliten la comparación con la competencia y pretender hacerlo mejor que ella.

III. Capital Relacional (CR)

El Capital Relacional se divide a su vez en tres dimensiones, las cuales incluyen los elementos siguientes:

- ✓ **Capital Clientela:**
  - ➢ Satisfacción del cliente externo.
  - ➢ Calidad del servicio.
  - ➢ Retroalimentación.
- ✓ **Capital Proveedores:**
  - ➢ Satisfacción con proveedores.
  - ➢ Satisfacción de los proveedores.
  - ➢ Alianzas estratégicas.
  - ➢ Calidad de los canales de distribución.
- ✓ **Interacción con otros agentes:**
  - ➢ Satisfacción con agentes del entorno.
  - ➢ Satisfacción de los agentes del entorno.
  - ➢ Negocios conjuntos.
  - ➢ Calidad de los canales.

A continuación, se comentan brevemente los mismos:

➢ **Satisfacción del cliente externo:** los clientes son una auténtica fuente de información para la organización, los mismos sirven de guía y son indispensables en la proyección de la finalidad e imagen de la misma; a través de sus necesidades y demandas la organización es capaz de desarrollar las competencias necesarias en el afán de satisfacerlas.

La satisfacción del cliente reviste cada vez más importancia para el desarrollo empresarial; ya no se trata solo de satisfacer necesidades, sino también de cubrir expectativas; que el cliente distinga aspectos intangibles como (preocupación, profesionalidad, interés, entre otros) más allá de la oferta de un producto o servicio.

- **Calidad del servicio:** los clientes juzgan la calidad de un servicio según varios factores repetitivos, que han sido identificados por diversos especialistas en este tema:

  - **Factor de empatía:** demostración de la voluntad de comprender y satisfacer las necesidades concretas del cliente por medio de un trato sensible y personalizado.

  - **Factor de seguridad:** competencia y cortesía del personal de contacto con el público, que inspira confianza a los clientes.

  - **Factor de tangibilidad:** aspecto de las instalaciones, los equipos, el personal de contacto con el público y los materiales de comunicación.

  - **Factor de fiabilidad:** la capacidad de producir el servicio de una forma precisa y fiable.

  - **Factor de capacidad de respuesta:** habilidad y voluntad de servir al cliente rápida y eficazmente.

- **Retroalimentación:** la retroalimentación favorece la creación de valor futuro pues esta procede de los clientes externos o de agentes del entorno, posibilitando conocer las debilidades y fortalezas de la empresa. Conjuntamente, permite comprender las posibles insatisfacciones, lo que sobreviene en oportunidad de acción favorable en este sentido.

  Es el proceso mediante el cual el emisor conoce cuáles han sido los resultados de la expresión de sus ideas.

- **Satisfacción con proveedores:** la gestión eficiente respecto a la selección de los proveedores, de forma que garantice un servicio que satisfaga las expectativas, para responder de la misma forma en su proyección hacia el exterior. Esta buena selección permitirá lograr negociaciones, contratos y otras ventajas.

- **Satisfacción de los proveedores:** asimismo como la satisfacción con los proveedores, puede ser un indicador positivo para la organización, la satisfacción de los proveedores también lo es pues garantiza la calidad y fortalecimiento de la relación, además que los proveedores también se constituyen en divulgadores de nuestros servicios, formas de proceder, ética y responsabilidad.

- **Alianzas estratégicas:** las alianzas estratégicas son coaliciones formales entre dos o más organizaciones a fin de llevar a cabo empresas en el corto plazo, originadas en relaciones oportunistas o permanentes que se desarrollan como una forma de sociedad entre los participantes.

En una alianza estratégica las empresas ayudan por una necesidad recíproca y comparten los riesgos con el objetivo de lograr un objetivo común. Este proceso puede aumentar considerablemente la capacidad para crear nuevos productos, reducir costos, incorporar tecnologías, penetrar otros mercados, desplazar competidores y alcanzar los niveles de beneficios que le posibiliten subsistir en un mercado competitivo.

- **Calidad de los canales de distribución:** un correcto canal de distribución garantiza el servicio a todo el mercado de clientes potenciales y la maximización de los ingresos procedentes de las ventas de productos y servicios.

- **Satisfacción con agentes del entorno:** en el entorno público los vínculos con otras entidades, agentes sociales o medios de comunicación son activos intangibles de gran poder, favoreciendo a compartir conocimientos como fuente de retroalimentación en relación a la actividad esencial de la entidad, así como de la proyección hacia el exterior.

> **Satisfacción de los agentes del entorno:** la calidad de las relaciones con los agentes del entorno y la satisfacción de estos se convierte en beneficios mediante el fortalecimiento de la imagen y reputación en el ambiente en que se desenrolla la empresa.

IV. Capital Social (CS):

El Capital Social incluye a:

- Imagen.

- Administración eficiente.

- Impacto medioambiental.

A continuación, se comentan brevemente:

Imagen

Es el modo por el cual se trasmite, quién es, qué es, qué hace y como lo hace. El diseño coordinado de los diferentes agentes de comunicación, hará que la imagen sea correctamente transmitida, al auditorio deseado.

La construcción de una imagen conlleva una optimización de recursos, dado que tanto los envases, como la publicidad, los uniformes, el mobiliario y la papelería, son elementos necesarios de todos modos para el funcionamiento de una empresa.

Se proyecta a los consumidores cotidianos del servicio, los ciudadanos en general. Esta representa un inmaterial significativo para las entidades de servicio en tanto contribuya a lograr sus objetivos o aumentar sus entradas de capital u oportunidades de desarrollo.

Las organizaciones tienen su identidad, una forma de ser propia, con esquemas de comportamiento de un modo determinado. La organización podrá tener una intención o no en relación a la conducción de los mismos, pero si no, de cualquier modo, éstos se darán naturalmente.

Administración eficiente

El rol de la administración puede determinar el éxito o fracaso de la organización, independientemente de los recursos que posea. Por ello, una administración eficiente que conduzca al crecimiento de forma flexible y no jerárquica, constituye una forma de creación de valor.

Impacto medioambiental

Las organizaciones empresariales hasta hace poco no se preocupaban en demasía de los costos sociales y medioambientales que ocasiona la actividad productiva, no introduciendo, por tanto, la variable medioambiental en su gestión empresarial.

Actualmente este aspecto puede determinar una posición competitiva y la aceptación o no de determinados productos o servicios.

El impacto medioambiental pone de manifiesto la disposición que ha tomado la administración para contribuir a la conservación del medio ambiente.

En resumen, el impacto medioambiental es el resultado derivado del desarrollo de actividades u obras en ejecución o de proyectos nuevos capaces de producir efectos cambiantes.

Fase II.

Determinación del sistema de indicadores de Capital Intelectual: cada uno de los elementos en que se descomponen los bloques se hacen corresponder con indicadores relevantes, susceptibles de medición. Los indicadores deben poseer características tales como oportunos, fiables, objetivos, verificables y veraces. Los indicadores pueden ser financieros y no financieros. Lo que se corresponde en este caso con indicadores de eficiencia (generalmente no financieros, representados por índices) y absolutos (financieros), constituidos por las inversiones monetarias relacionadas directamente con estos intangibles dentro de cada dimensión establecida.

El Capital Intelectual debe medirse en todos sus componentes y dimensiones, es por esto, que esta etapa es esencial.

Fase III.

Elaboración de los instrumentos de medición del Capital Intelectual: cada uno de los indicadores seleccionados teniendo en cuenta la relación de éstos con las estrategias a cumplimentar, deben ser medidos con diferentes herramientas, tales como: cuestionarios, entrevistas, observación directa, conteo directo, entre otros; a los cuales se les realizará pruebas para analizar su validez y fiabilidad, para su aplicación mediante el programa estadístico SPSS u otro similar.

Fase IV.

Medición del Capital Intelectual: el desarrollo de esta fase se apoyará en cuatro etapas:

Etapa 1: Determinación de la muestra

Etapa 2: Recopilación de la información

- Aplicación de los instrumentos de medición.
- Análisis del documento, entrevistas y determinación de los indicadores absolutos.

Etapa 3: Procesamiento de la información

- Los autores proponen utilizará Microsoft Excel (u otra herramienta informática) para la entrada de la información recopilada.
- Se realizará la ponderación de las dimensiones de Capital Intelectual y de los elementos de cada uno de ellas.
- Se utilizará el programa estadístico StatGraphics (u otro similar) para la realización de pruebas estadísticas que permitirán demostrar el grado de asunción de criterios entre los expertos

- Se utilizará Microsoft Excel para los cálculos necesarios para la determinación del valor de los indicadores de eficiencia, así como el de las distintas dimensiones (Grado de percepción o Valor promedio, Valor percibido promedio, Valor percibido promedio ponderado).

Etapa 4: determinación del Capital Intelectual.

Se obtendrá la valoración monetaria del Capital Intelectual mediante una ecuación que tiene como base la utilizada por Edvinsson y Malone (1997):

Capital Intelectual (CI) = C*i

Esta ecuación parte del supuesto de que la inversión para el futuro es la clave del éxito empresarial a largo plazo, es decir, la determinación de las inversiones efectuadas con capacidad para obtener beneficios (C) constituye el primer elemento y en segundo lugar una cifra que ponga de manifiesto la eficiencia actual en el uso de dichas inversiones (i) en la creación de riqueza, incremento de la productividad y valoración de los clientes.

C **(variable absoluta):** representa las inversiones realizadas para mejorar la competitividad de la empresa y su capacidad para obtener beneficios futuros, por ejemplo: inversión en tecnología de la información, inversión en formación de los empleados, inversión en comunicación con clientes, etc. Es bueno destacar, que en la mayoría de los casos son informaciones que aparecen en el Balance General, reflejados como activos o en el Estado de Resultados, reflejados como gastos. Lo que se pretende es poner de manifiesto todo aquello que genera valor futuro para la organización, de ahí que a la mayoría de estas informaciones se le consideran "inversiones" y que además tienen efecto directo sobre los índices de eficiencia seleccionados, de ahí que se hace imprescindible su interpretación aplicando criterios que actualmente no figuran en la normativa contable como por ejemplo el análisis causa-efecto.

i **(variable eficiencia):** es el auténtico detector de la ecuación $C*i$. Así como la variable absoluta subraya el compromiso de la empresa con el futuro, la variable de eficiencia (*i*) relaciona dichas inversiones con su comportamiento actual. Para el cálculo de *i* se opera con la **media** de los porcentajes de índices de eficiencia, por ejemplo: cuota de mercado; índice de satisfacción de clientes, índice de motivación de empleados; índice de horas de formación, etc. Para la determinación del coeficiente de eficiencia se basan en el promedio de los mencionados índices:

i = **n/x**

n: suma de los valores decimales de los índices de eficiencia.

x: número de índices.

Esta fórmula ha sido modificada en varios aspectos:

1. Se realiza una separación por dimensión.
2. Los índices de eficiencia se ponderan.
3. Además de ser ponderadas las dimensiones.

Quedando entonces así la fórmula para la obtención de la valoración monetaria del Capital Intelectual:

$$CI = (\Sigma C_{CH} * \Sigma i_{CH}) + (\Sigma C_{CE} * \Sigma i_{CE}) + \Sigma C_{CR} * \Sigma i_{CR}) + (\Sigma C_{CS} * \Sigma i_{CS})$$

Donde:

ΣC_{CH}: Σ Indicadores de Medida Absoluta de Capital Humano.

Σi_{CH}: Σ Indicadores Promedios Ponderados del Coeficiente de Eficiencia de Capital Humano.

ΣC_{ce}: Σ Indicadores de Medida Absoluta de Capital Estructural (C).

Σi_{CE}: Indicadores del Coeficiente de Eficiencia Promedios Ponderados de Capital Estructural.

$\sum C_{CR}$: $\sum$ Indicadores de Medida Absoluta de Capital Relacional.

$\sum i_{CR}$: $\sum$ Indicadores Promedios Ponderados del Coeficiente de Eficiencia de Capital Relacional.

$\sum C_{CS}$: $\sum$ Indicadores de Medida Absoluta de Capital Social.

$\sum i_{CS}$: $\sum$ Indicadores Promedios Ponderados del Coeficiente de Eficiencia de Capital Social.

Para calcular el valor de eficiencia (i) de cada dimensión se procede de la manera siguiente:

- Se introducen todos los datos recogidos por cada uno de los encuestados, es decir, por clientes internos, externos y proveedores. Para ello se confecciona una tabla que recoge los criterios emitidos a través de la escala Likert presentada en los cuestionarios.

- Se calcula el *grado de percepción o valor promedio* de cada indicador de eficiencia a través de una media aritmética, sumándose todos los criterios emitidos de cada uno de los encuestados y dividiendo posteriormente entre la cantidad de los mismos. Este grado de percepción se denota como (X_{ij}). Es válido señalar que en el caso de los indicadores de eficiencia que no son medidos a través de encuestas es necesario llevar su valor a la escala de 1–7, buscando con ello homogeneidad en los resultados, pues con ella trabajan todos los restantes indicadores.

- Para ello se utiliza la fórmula:

    Li + (Coeficiente * Ti)

    Donde:

    Li: es el límite inferior de la escala.

    Coeficiente: es el valor de los índices de eficiencia que no son medidos a través de encuestas.

Ti: Es el tamaño de la escala menos 1.

- Con el resultado de las ponderaciones realizadas de cada uno de los elementos de las distintas dimensiones de Capital Intelectual, se procede a calcular el ***valor percibido promedio ponderado*** de cada uno de los indicadores, denotado por el equipo de expertos como (Vp_{pp}); multiplicando cada grado de percepción (Xij) de cada indicador por su peso específico (Wj). La siguiente fórmula lo muestra: **Xij * Wj**.

- Después de obtener el Vp_{pp}, se calcula la sumatoria de todos los valores percibidos promedios ponderados de cada indicador, mostrado en la siguiente formula: **$\sum Vp_{pp}$**. Este valor se multiplica por la ponderación de cada dimensión, denotada por los expertos como (Wj_d). Todos estos pasos se pueden realizar a través de una hoja de cálculo de Excel, lo cual se puede representar como sigue:

Todos estos pasos se pueden realizar a través de una hoja de cálculo de Excel, lo cual se puede representar como se muestra en la Tabla 2:

Tabla 2. Cálculo de los indicadores de eficiencia por dimensión

Encuestados / Indicadores	i_1	i_2	i_n
E_1	A1	A1	A1
E_2	A2	A2	A2
.			
.			
E_n	An	An	An

Xij (Valor Promedio)	$\Sigma(A/n)$	$\Sigma(A/n)$	$\Sigma(A/n)$
Wj (Peso Específico)	W_1	W_2	W_n
V_{pp} (Valor Percibido Promedio)	$\Sigma(A/n) * W_1$	$\Sigma(A/n) * W_2$	$\Sigma(A/n) * W_n$
V_{ppp} (Valor Percibido Promedio Ponderado)	$\Sigma (V_{pp1} + \ldots + V_{ppn})$		
Wj_d (Ponderación de la dimensión)	Wj_d		
Vp_d (Valor percibido de la dimensión)	Vp_d		

- Posteriormente se halla la *media del valor percibido* (Vp) de la siguiente forma: $\Sigma(Vp_{ppCH} + Vp_{ppCE} + Vp_{ppCR} + Vp_{ppCS})/4$.

- Por último, se procede al cálculo del *índice del valor percibido de cada dimensión* (Tabla 3) dividiendo el Vp_{pp} de cada una de las dimensiones entre la media del valor percibido; esto sería:

$I_{vp} = Vp_{pp} / Vp$.

Estos dos últimos pasos se pueden realizar también a través de una hoja de cálculo de Excel, lo cual puede quedar representado de la manera siguiente:

Tabla 3. Cálculo del índice de valor percibido por dimensión.

	Capital Humano	Capital Estructural	Capital Relacional	Capital Social
Vp_d (Valor percibido de cada dimensión	Vp_{CH}	Vp_{CE}	Vp_{CR}	Vp_{CS}
Vp (Media del valor percibido)	\multicolumn{4}{c}{$\Sigma(Vp_{ppCH} + Vp_{ppCE} + Vp_{ppCR} + Vp_{ppCS})/4$}			
Ivp (Índice del valor percibido)	Vp_{CH}/Vp	Vp_{CE}/p	Vp_{CR}/Vp	Vp_{CS}/Vp

Para calcular los indicadores absolutos: se revisan los documentos primarios, entre ellos se pueden incluir: plantillas de la entidad, registros de superación y Estados Financieros.

Se introducen los datos en una Hoja de Cálculo de Excel obtenidos de los Estados Financieros, confeccionándose una tabla por cada dimensión del Capital Intelectual, donde quedarán calculados los indicadores correspondientes a cada una de ellas.

Fase V.

Elaboración del Informe de Capital Intelectual: mediante el mismo la organización divulga información sobre los intangibles que componen su Capital Intelectual. Por lo tanto, este informe debe contener el trabajo desplegado para desarrollar y mantener la estrecha interrelación de los componentes del Capital Intelectual, proporcionando información clara y precisa para la toma de decisiones.

Para la presentación del Informe de Capital Intelectual se propone utilizar la estructura de la Figura 3.

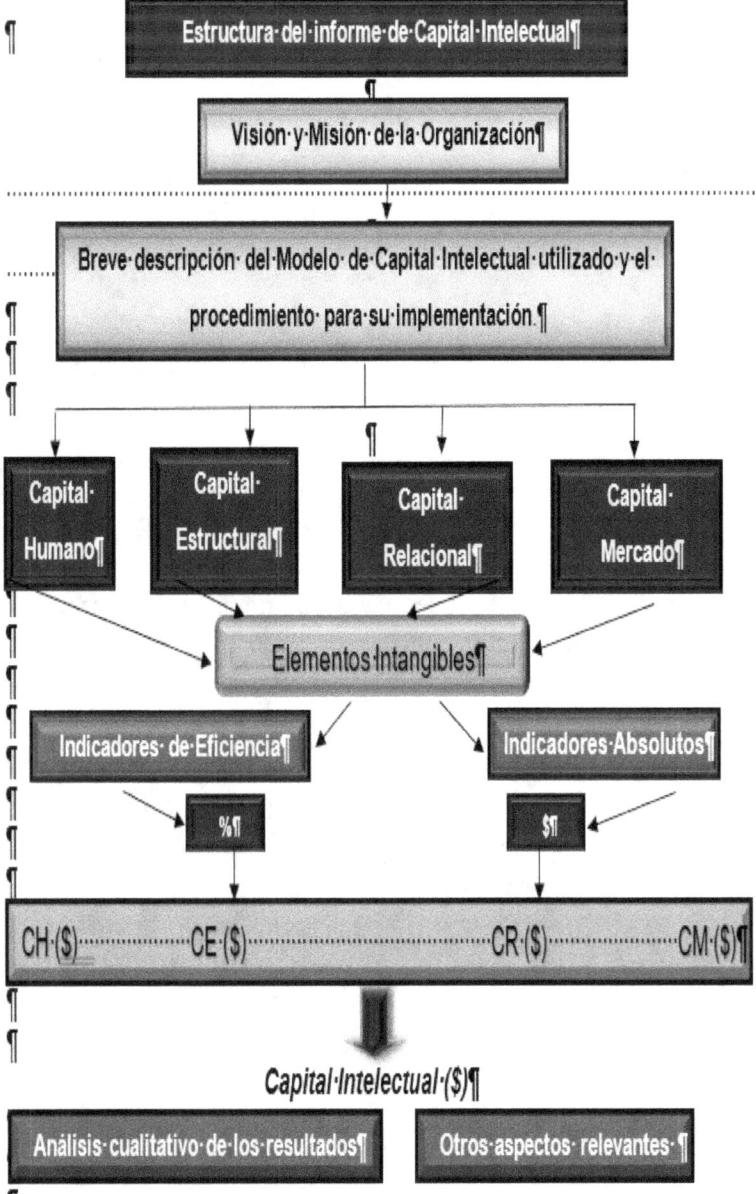

Figura 3. *Estructura para la presentación del Informe de Capital Intelectual.*

Como se aprecia, la propuesta de Informe de Capital Intelectual se estructura en:

- Visión y Misión de la organización: aquí se plasman estos elementos de la planificación estratégica de la entidad objeto de estudio.

- Breve descripción del modelo de Capital Intelectual y del procedimiento para su implementación: expresa una síntesis del modelo, las dimensiones en que se divide y sus características esenciales.

  También muestra el procedimiento a seguir para la implementación de dicho modelo.

- Evaluación de Capital Intelectual: se presenta la relación de los valores de los indicadores absolutos y de eficiencia de cada uno de los componentes Capital Intelectual y a continuación se ofrece el valor del Capital Intelectual de la organización desagregado por componentes.

- Análisis cualitativo de los resultados: se incluye un análisis valorativo de los resultados numéricos obtenidos en la evaluación del Capital Intelectual, además de proyectar los aspectos más positivos y negativos resultantes de la aplicación de los métodos y técnicas de medición.

- Otros aspectos relevantes: se incluye la información que, a pesar de ser relevante, no se puede recoger en los indicadores por razones específicas.

Fase VI.

Gestión del Capital Intelectual: en la gestión del Capital Intelectual la organización interpretará los resultados obtenidos y tomará las decisiones pertinentes, con la finalidad de optimizar la creación de valor de sus intangibles, seguidamente tendrá como nuevo reto la iniciación de un nuevo ciclo de las fases y si así lo requiriera un cambio en su estrategia.

En la fase de gestión la empresa deberá cuestionarse la creación o no de valor por parte de los elementos que identificó en la Fase I y en función de la respuesta seguir las siguientes acciones:

- **SI:** va acompañada de acciones proactivas y de un seguimiento cuidadoso.

- **NO:** le siguen acciones correctivas y el seguimiento es vital en este caso.

En ambos casos se repite el ciclo, en función de identificar algún elemento nuevo o eliminar alguno que no esté creando valor. No es ocioso recordar que el mundo progresa de manera veloz, por lo que ya no basta con reaccionar de forma vertiginosa ante los cambios del entorno: se llegará tarde de todos modos. La reactividad debe ceder terreno a la proactividad, convirtiendo a todos en promotores del cambio, capaces de crear el futuro, no esperando por él, sino adivinándolo.

2.1.2 Herramientas que soportan la aplicación del modelo y el procedimiento de implementación del Capital Intelectual

2.1.2.1 Método de expertos

Este método nos permite consultar un conjunto de expertos para validar una propuesta sustentándola en sus conocimientos, investigaciones, experiencias, estudios bibliográficos, entre otros; dando la posibilidad a los expertos de analizar el tema con tiempo, sobre todo si no hay posibilidad de que participen de manera conjunta.

Selección de expertos

Muy parecido a como se explica en (Vega, 2015), dentro de los agentes afines con la organización, principalmente los que forman parte de ella, se escoge los "Expertos" responsabilizados con la medición del Capital Intelectual.

En la citada obra, este mismo autor señala que se concibe como *Experto*, a la persona o grupo de personas u organizaciones capacitados para brindar valoraciones concluyentes de un problema en cuestión y hacer recomendaciones en relación con sus momentos esenciales, con un alto nivel de competencia.

La competencia de los Expertos se establece por el Coeficiente de Competencia (Kc), el que es posible calcular por disímiles procedimientos, entre las que resaltan los siguientes:

A partir del Coeficiente de Conocimientos (Kc) y el Coeficiente de Argumentación (Ka): en este procedimiento la competencia de los Expertos se establece por el Coeficiente de Competencia (Kc), sobre su nivel de conocimiento acerca del problema que se está solucionando y con las fuentes que le permiten argumentar estos criterios.

A partir del Coeficiente de Conocimiento Teórico y el Coeficiente de Conocimiento Práctico: en este procedimiento se propone utilizar tratamiento de matemática borrosa (fuzzy) en un **primer paso**, para definir el peso específico de importancia que tienen estos dos tipos de conocimientos, en el contexto de la investigación concreta que se esté efectuando, para en un **segundo paso** definir el valor que se autoasigna cada experto potencial.

En el **primer paso**, los expertos potenciales deben expresar a través de un intervalo de confianza formulado en valores oscilantes entre 0 y 1 (auxiliándose en una escala endecadaria -11 valores- y en su respectiva expresión semántica) el peso de importancia que le asignan al conocimiento teórico y al práctico, respectivamente. Se comienza por valorar el Conocimiento Teórico para luego, por diferencia con respecto a 1 (la unidad) llegar al valor del Conocimiento Práctico.

Esto permite llegar a la Frecuencia del criterio de cada experto potencial acotada por sus límites inferiores y superiores (LI y LS) para subsiguientemente conformar la Frecuencia Normalizada, lo cual facilita llegar a la Función Acumulada Complementaria (Expertón) que permite obtener el valor de la Esperanza Matemática expresada en un intervalo de confianza que resume el criterio integral de todos los expertos potenciales.

Una vez llegado a este punto se promedian ambos extremos del intervalo de la Esperanza Matemática y se obtiene un valor único del peso específico de importancia que le atribuyen de forma integral todos los Expertos potenciales al valor del Conocimiento Teórico.

Como se señaló precedentemente, al restarle a 1 (constante) el valor que se acaba de obtener del Conocimiento Teórico, se obtiene el valor del Conocimiento Práctico.

En el **segundo paso** se aplica un *Fuzzy Delphi*, a través del cual cada Experto potencial se autoevalúa en materia de Conocimientos Teóricos y Prácticos respectivamente, utilizando números borrosos triangulares (valor mínimo, valor de máxima presunción y valor máximo), también utilizando una escala endecadaria.

Luego de la primera votación de cada Experto potencial, se pueden calcular las desviaciones individuales de cada uno de ellos con los valores promedios, en cada valor de la tripleta y en general. Esta información, así como los valores individuales de cada uno de ellos se les muestran a todos, transitándose a una segunda votación en la cual pudieran corregirse las cifras de autoevaluaciones, de considerarse necesario. Esto suministrará como resultado la autovaloración definitiva de cada Experto potencial, expresada en una tripleta media aproximada, siendo el resultado del promedio de los valores mínimos, máximos y de máxima presunción de cada cálculo individual, dándole el doble de importancia al último de éstos. El tratamiento es el mismo para el Conocimiento Teórico que para el Conocimiento Práctico.

Una vez llegado a este punto, se determina el Coeficiente de Expertizaje definitivo de cada Experto potencial, multiplicando la autovaloración final de ambos conocimientos por sus respectivos pesos específicos determinados en el paso 1.

En el procedimiento para la selección de Expertos se consideran tres etapas fundamentales:

- Determinación de la cantidad de Expertos.

- Confección del listado de Expertos.

- Haber obtenido el consentimiento del Experto en su participación.

La cantidad de Expertos a elegir debe ser menor o igual a $\alpha \times n$, donde α es un número comprendido entre 0.1 y 1, y n son los elementos que identifican un determinado objeto de estudio.

De acuerdo con (Vega et al., 2020), el valor de α lo define el investigador principal, teniendo en cuenta para cada tema investigativo, el nivel de conocimiento sobre el mismo y/o el grado de complejidad, según se muestra en la Tabla 4.

En la elaboración del listado de Expertos se debe realizar un estudio de la calidad de cada uno de ellos y su lugar de trabajo, así como su posibilidad real de colaboración. Se sugiere incluir Expertos internos (pertenecientes a la organización) y externos, pertenecientes a instituciones académicas o empresariales.

Tabla 4. Determinación del valor de α en la selección de Expertos.

Tema muy complejo o poco conocido	Tema medianamente complejo o medianamente conocido	Tema poco complejo o muy conocido
$\alpha = 0.1\text{-}0.3$	$\alpha = 0.4\text{-}0.6$	$\alpha = 0.7\text{-}1.0$

Fuente: (Vega et al., 2020)

A continuación, se les debe realizar la invitación oficial explicándoles el objetivo que se persigue y en qué consiste el trabajo; se les debe entregar el cuestionario sobre los datos personales y la competencia que poseen.

Una vez obtenida la respuesta se determina el listado final de Expertos después de lo cual se les informa sobre su inclusión en el peritaje.

Trabajo con expertos

En el trabajo con los expertos, partiendo de los resultados de las investigaciones precedentes de este propio autor, se pueden destacar las tareas siguientes:

En la **Fase I** se revisarán los elementos de Capital Intelectual dentro de cada dimensión, con vistas a que se ajusten a los objetivos y estrategias de la entidad objeto de estudio; se parte de una propuesta de elementos seleccionados de la revisión bibliográfica y de experiencias de investigaciones precedentes que contiene un listado inicial de los posibles elementos del Capital Intelectual para su valoración por parte de los expertos; con la posibilidad de incorporar otros elementos que se ajusten a los objetivos y estrategias definidas en la entidad.

Posteriormente esta información recopilada mediante la encuesta puede ser procesada a través del coeficiente de consenso.

El Coeficiente de Consenso se calcula para saber si los decisores aceptan o no la propuesta que le hace el facilitador, utilizando para ello la siguiente expresión: **GC = (1 − VN / VT)**

Donde:

GC = Grado de aceptación de cada uno de los atributos por parte de los decisores.

VN = Total de votos negativos

VT = Total de votos

Si luego de efectuados los cálculos el Grado de Aceptación es mayor que 80% u 85%, entonces el atributo evaluado se acepta. De quedar por debajo del rango establecido, se pueden adoptar las decisiones siguientes:

1. Desechar el criterio de los decisores y mantener el atributo.

2. Desechar el atributo, tratando de mantener la condición de que su cantidad nunca sea menor que el número de decisores utilizados.

3. Retroalimentar a los decisores con los criterios de los demás para tratar de que modifiquen su votación.

En la **Fase II** los expertos procederán a la revisión de los indicadores de medida absoluta *(C)* y los indicadores del coeficiente de eficiencia *(i)* que se utilizarán en la medición del Capital Intelectual.

En la **Fase III** los expertos realizarán la ponderación de las distintas dimensiones del Capital Intelectual; así como de los elementos que componen cada una de ellas.

Según García y Cuétara, referenciado en (Vila Rodríguez & Vega Falcón, 2002) existen diferentes métodos de toma de decisiones multicriterio para determinar el peso relativo de disímiles elementos sobre la base de juicios subjetivos, entre los que se encuentran:

- Método de comparaciones de criterios por parejas (Triángulo de Fuller Modificado).

- Método de Saaty.

- Método de votación directa.

- Método de ordenación por prioridades.

El método de **Fuller** es la técnica escogida para el desarrollo de la presente investigación. Este procedimiento se realiza para determinar la importancia o ponderación de las diferentes dimensiones e indicadores del coeficiente de eficiencia del Capital intelectual (i); donde se determina la dimensión e indicador que más peso posee y así sucesivamente por órdenes, es decir, los más significativos en función de las estrategias y objetivos de la organización, según la evaluación realizada por los expertos. El mismo pertenece a la familia de los llamados métodos de comparaciones pareadas o por parejas.

Con la aplicación del **Triángulo de Fuller** se obtiene un vector de importancia o peso de los atributos que se comparan y que abarcan desde K_1 hasta K_n.

Con la aplicación del método se verifica el proceso de elección, que como tal se expresa en una toma de decisión por parte del mismo. Para ello el decisor se enfrenta con el esquema del Triángulo, cuyas filas están formadas por un arreglo de pares de atributos.

Comparación de los criterios por parejas:

Para llevar a cabo esta comparación, se elabora una matriz criterio-criterio (Tabla 5), donde se consignan las preferencias en cada pareja de criterios (**1** significa que el criterio **i** es más importante que el criterio **j**.

Tabla 5. Matriz criterio-criterio.

	C1	C2	C3	C4	C5
C1	1	1	1	1	1
C2	0	1	1	1	1
C3	0	0	1	1	0
C4	0	0	0	1	0
C5	0	0	1	1	1

Cálculo del peso subjetivo de cada criterio: aquí se determina la preferencia total de cada criterio, es decir, la cantidad de veces que el criterio analizado es preferido respecto a los restantes; y así se calcula el peso subjetivo de cada criterio a través de la siguiente expresión:

$$W_{kj} = \frac{\sum_{i=1}^{n} P_{ji}}{\sum_{j=1}^{n} \sum_{i=1}^{n} P_{ji}}$$

Donde:

W_{jk}: peso subjetivo del criterio j.

P_{ji}: preferencia del criterio j sobre el criterio i.

Elaboración de instrumentos de medición y recopilación de la información

En este caso como parte de instrumentos previamente utilizados por este propio autor en investigaciones anteriores, se realiza la revisión y perfeccionamiento de los mismos. Estos se han elaborado sobre la base del método de escalamiento Likert; el cual consiste en un conjunto de ítem representados en forma de afirmaciones o juicios antes los cuales se pide la opinión eligiendo uno de los puntos dentro de la escala.

2.2.2.1 Procesamiento de la información

La información se procesa, a través de las herramientas informáticas: Microsoft Excel, SPSS y StatGraphics.

- **SPSS:** potente herramienta estadística que permite realizar cualquier análisis estadístico de una muestra de datos. Se utiliza en el análisis de los resultados obtenidos por los cuestionarios de satisfacción, motivación, liderazgo y calidad.

  Este paquete estadístico permite determinar las correlaciones existentes entre los diferentes indicadores de las variables estudiadas, así como las correlaciones entre variables, la fiabilidad del instrumento, descripción de los resultados aplicando la estadística descriptiva. Es además el paquete estadístico para ciencias sociales, fue desarrollo en la universidad de Chicago y es uno de los más difundidos.

  Contiene diversos análisis estadísticos, de los cuales se utilizarán en este estudio la prueba de validez a través de Alpha de Cronbach y fiabilidad mediante la Correlación del Ítem Total.

- **StatGraphics:** es una herramienta que permite el uso de la mayoría de los análisis estadísticos. Posee interpretación de los resultados, la cual incluye una explicación simple de los mismos, es decir, la interpretación varía según las variables que usted usa en un análisis.

  Es diseñado para ayudar a la interpretación de los resultados en los procedimientos estadísticos.

Realiza advertencias sobre cualquier asunción crítica por que pueden violarse los datos, y hace pensar en otros procedimientos que podrían ser aplicado. Este paquete estadístico se utilizará en la presente investigación para determinar la validez de los instrumentos utilizados para la recolección de la información mediante las pruebas de la Anova o Varianza y a Kruskal – Wallis o Mediana.

- **Microsoft Excel:** proporciona herramientas y funciones eficaces que se pueden utilizar para analizar, compartir y administrar los datos con facilidad.

  Es un programa utilizado entre otros aspectos para el cálculo y análisis de datos. En la presente investigación se utilizará para procesar toda la información obtenida mediante encuestas y análisis de estados financieros.

La decisión muestral

La muestra es un conjunto pequeño de unidades de la población, que aparentemente incorpora en mayor o menor medida las características de dicha población.

El muestreo representa ciertas ventajas:

- Economía de tiempo, de recursos materiales y esfuerzos humanos, contribuyendo así al uso racional del potencial científico-técnico.

- Permite un estudio más profundo, con la utilización de mayor variedad de métodos.

La calidad de la información derivada de muestras no depende del tamaño de la misma, sino de la forma seleccionada. Existen diferentes técnicas de muestreo, las probabilísticas y las no probabilísticas, cada una de ellas ofrecen posibilidades y limitaciones en dependencia con lo que se quiera medir. En esta investigación se utilizaron las siguientes técnicas probabilísticas:

- **Muestreo aleatorio simple**: para poder llevar a cabo la selección de los componentes de una muestra mediante el procedimiento de muestreo aleatorio simple debemos saber cuál es el tamaño de la muestra objeto de estudio, así como disponer de una lista completa de los individuos que forman la población o universo. Con los datos especificados se procederá a la elección de los individuos dentro del universo mediante un procedimiento estadístico hasta conseguir completar el total de la muestra. Otro procedimiento alternativo es identificar todas las posibles muestras, y mediante un método probabilístico seleccionar una de ellas. Este segundo método parece más costoso que el primero. El muestreo aleatorio simple tiene la dificultad de necesitar de una lista de la población total o universo.

- **Muestreo aleatorio estratificado:** permite asegurar y aumentar la representatividad de la muestra a nivel de ciertos subconjuntos de la población. Se divide a la población en los grupos o estratos y se obtiene aleatoriamente una muestra separada de cada estrato a través de cualquier procedimiento aleatorio (este proceso recibe el nombre de afijación). La base de esta técnica consiste en subdividir a una población heterogénea en estratos homogéneos, lo que permite incrementar el grado de representatividad y posibilita utilizar muestras más pequeñas. Este método de muestreo ofrece las ventajas siguientes:

    - ✓ Incrementa precisión del instrumento.

    - ✓ Es posible que la información obtenida de cada estrato nos sea útil para otros estudios sobre los respectivos estratos.

    - ✓ Es más sencillo el proceso de recolección de la información básica.

Capítulo 2: Implementación y Evaluación del Capital Intelectual

El muestreo aleatorio estratificado permite estudiar cada estrato por separado además que las estimaciones son más precisas.

Existen dos métodos para determinar el tamaño de la muestra:

1. **Bernouilli**: se hace el muestreo sin tener en cuenta los estratos:

$$n_i^t = \frac{\text{Total de la muestra}}{\text{Total de estratos}}$$

2. **Poisson**: se elige una muestra por cada estrato según su proporción de la población. El método Poisson es el seleccionado para utilizarlo en la presente investigación.

$$n^i = \frac{N^i}{N} * n$$

siendo:

n^i: número de elementos de la muestra procedentes del estrato i.

N^i: número total de elementos del estrato i.

N: número total de elementos de la población

n: tamaño de la muestra total

Entre los posibles criterios o factores de estratificación se encuentran la edad, el sexo, el nivel de instrucción escolar, la ocupación o cualquier otro que sea relevante en el problema de investigación.

De acuerdo (Briones, 1998), en general la muestra estratificada tiene la ventaja sobre la muestra aleatoria simple de lograr mayor precisión en las estimaciones.

El tamaño de la muestra

En concordancia con (Briones, 1998), la selección de la muestra representa una cuestión esencial en cualquier investigación. Existen algunos criterios para la designación de la misma:

- El criterio para determinar la misma debe estar basado fundamentalmente en lo cualitativo, definiéndose las características de la población y los objetivos a alcanzar.

- Si el estudio indaga sobre conocimientos globales, puede realizarse con una muestra más restringida.

- En términos generales se considera que el límite mínimo de confiabilidad se sitúa en el 10% de la población. Por debajo del 10%, la muestra no puede ser representativa, aunque se seleccione con técnicas probabilísticas. Por encima del 10%, la confiabilidad puede aumentar, aunque nunca será realmente alta cuando se trabaja con muestras no probabilísticas, según (Castellanos, 1999).

Los elementos que se describen deben tenerse en cuenta:

- **Precisión:** el grado de exactitud que se demanda de una evaluación estriba en cuan revelador sea identificar los resultados microscópicos que podrían extenderse dentro de un argumento más amplio. Debido al hecho que en esta investigación se consideran las actitudes, aptitudes, motivaciones, comportamientos humanos, entre otros, no puede ser tan precisa como otros estudios, pero la muestra debe ser lo suficientemente grande para convencer a un observador objetivo que los resultados pueden ser tenidos en cuenta.

- **Factibilidad:** al trazar el estudio la posibilidad de comprometer la generalidad de los resultados futuros a fin de alcanzar un esquema que sea factible debido a los recursos y el tiempo disponible, debe ser real. Es trascendental conseguir que, la identificación de una muestra se aproxime lo más posible al tamaño de muestra recomendado y que represente las variables importantes presentes en la población de individuos que podría estar vinculada a su evaluación y podría llevarse a cabo con los recursos disponibles.

Una muestra es representativa cuando es capaz de mostrar las distribuciones y los valores de las desiguales características del universo y de sus diferentes subconjuntos. Con la finalidad de hallar la muestra representativa se utilizó la siguiente fórmula:

$$n = \frac{N * K^2 * P * Q}{e^2 (N-1) + K^2 * P * Q}$$

Donde:

- N: tamaño de la población.

- K: probabilidad para la cual se cumple el nivel de confianza, que sigue una distribución normal. Su valor es de 1.56

- P y Q: parámetros de la distribución binomial. Se considera P como la probabilidad de ocurrencia y Q como la no ocurrencia, ambas con un mismo valor de 50%.

- e: error 6%.

En el próximo capítulo se mostrará toda la metodología aplicada en el trabajo de campo.

Luego de haberse abordado el capítulo intermedio del presente libro, entre sus aspectos más trascendentales pueden señalarse los siguientes:

- El modelo propuesto tiene considera como antecedentes otros modelos descritos en esta obra y el marco teórico en que se despliega el Capital Intelectual.

- El procedimiento articula coherentemente su estructura: pasos, dimensiones del modelo, fases y soporte estadístico, posibilitando comprender mejor el proceso a seguir y su propósito.

- El modelo y el procedimiento propuestos son aplicables a cualquier tipo de organización, teniendo en cuenta que las identificaciones de los elementos se alinean con sus objetivos, políticas y estrategias.

- Se abordan detalladamente las técnicas estadísticas en que se sustenta la investigación y los momentos en que se utilizarán.

2.2 Gestión Práctica del Capital Intelectual

Importancia del Capital Intelectual en la gestión empresarial

El Capital Intelectual es un recurso intangible y sumamente valioso para las organizaciones, consistiendo en un conjunto amplio de conocimientos, habilidades, experiencias y relaciones mantenidas por las personas dentro de una organización. Este tipo de capital, incrustado en el talento y capacidades de los empleados, así como en activos como patentes y marcas comerciales, es fundamental para el éxito empresarial en un entorno competitivo y globalizado.

El manejo efectivo del Capital Intelectual conlleva significativos beneficios, tales como la mejora de la innovación y productividad, un aumento de la ventaja competitiva, una facilitación en la toma de decisiones y la mejora en la retención de talento. Estos aspectos son esenciales para que las empresas no solo sobrevivan sino también prosperen en los mercados actuales.

Gestión del Capital Intelectual

La gestión del Capital Intelectual implica un proceso estratégico de identificar, medir, desarrollar, administrar y aprovechar los conocimientos y experiencias de una organización para lograr una ventaja competitiva. Esta gestión se enfoca en identificar los activos intangibles clave, medir su valor y desarrollar estrategias para maximizar su uso y protección. Es un proceso que incluye la captura de conocimiento tanto tácito como explícito, fomentando la colaboración y el intercambio de conocimientos entre empleados, y la creación y protección de sistemas de información y propiedad intelectual.

Evolución y mejoras en el Capital Intelectual

La percepción sobre el Capital Intelectual ha evolucionado considerablemente. Tradicionalmente, las empresas se centraban en la gestión de activos tangibles; sin embargo, ha crecido la conciencia sobre la importancia de los activos intangibles. Con el tiempo, se han desarrollado modelos y herramientas específicas para la gestión del Capital Intelectual, como el Balanced Scorecard y el Skandia Navigator. Estos modelos ayudan a las empresas a gestionar más efectivamente su Capital Intelectual, generando beneficios a largo plazo.

La tecnología ha jugado un papel crucial en esta evolución, permitiendo a las empresas gestionar su Capital Intelectual más eficientemente mediante herramientas digitales que facilitan la colaboración y el intercambio de conocimientos. Esta evolución tecnológica ha sido fundamental para mejorar la innovación y la eficiencia operativa de las empresas.

En resumen, la gestión adecuada del Capital Intelectual no solo es fundamental para el crecimiento y la sostenibilidad de las empresas, sino que también es clave para su adaptabilidad y éxito en un mercado cada vez más dinámico y competitivo.

Aplicaciones exitosas del Capital Intelectual

El Capital Intelectual, que abarca conocimientos, habilidades, experiencia y otros activos intangibles, es fundamental para las organizaciones que buscan crear valor y diferenciarse en el mercado competitivo. Las aplicaciones exitosas del Capital Intelectual son amplias y variadas, impactando positivamente en múltiples sectores y disciplinas:

- **Gestión del conocimiento:** las empresas optimizan el Capital Intelectual para administrar y compartir eficientemente el conocimiento acumulado, lo cual mejora la toma de decisiones, impulsa la innovación, incrementa la productividad y disminuye costos operativos.

- **Desarrollo de productos**: utilizando el Capital Intelectual, las organizaciones pueden diseñar y ofrecer productos y servicios innovadores, mejorando su posición competitiva y atrayendo nuevos clientes.

- **Protección de Propiedad Intelectual:** el Capital Intelectual es crucial para la protección de propiedades intelectuales, incluyendo patentes, marcas registradas y derechos de autor. Esta protección es esencial para salvaguardar las inversiones y evitar la competencia desleal.

- **Mejora del rendimiento organizativo:** las empresas aplican el Capital Intelectual para perfeccionar su desempeño organizativo, optimizando la gestión de recursos humanos, implementando prácticas de gestión avanzadas y adoptando tecnologías de punta.

- **Desarrollo de habilidades y competencias:** el Capital Intelectual permite a las empresas potenciar habilidades y competencias en sus empleados, lo que se traduce en mayor productividad y eficiencia, preparando a la organización para enfrentar futuros desafíos.

- **Generación de valor para los accionistas:** a través del Capital Intelectual, las compañías pueden generar un valor significativo para los accionistas mediante la creación de productos y servicios novedosos que incrementan los ingresos y las ganancias.

Cada una de estas aplicaciones demuestra cómo el manejo efectivo del Capital Intelectual puede transformar las operaciones empresariales, contribuyendo a un mejor desempeño financiero, aumentando la competitividad y adaptabilidad frente a los cambiantes escenarios del entorno empresarial global.

2.2.1 Desafíos en el Desarrollo del Capital Intelectual

La evolución del Capital Intelectual en las organizaciones enfrenta diversas barreras que pueden impedir su desarrollo y aplicación efectiva. Este epígrafe aborda dichos desafíos y propone estrategias para superarlos, dividiéndose en subepígrafes que detallan cada tipo de barrera específica.

2.2.1.1 Barreras Culturales y Operativas

Las organizaciones a menudo enfrentan retos culturales que frenan la gestión efectiva del conocimiento. La ausencia de una cultura orientada al aprendizaje y la gestión del conocimiento puede resultar en la subutilización de los activos intangibles que generan valor. Además, la falta de visión estratégica para integrar el Capital Intelectual como un pilar de ventaja competitiva a menudo limita las inversiones en sus componentes clave como la formación y capacitación de empleados.

2.2.1.2 Barreras Tecnológicas y de Recursos

La falta de tecnología adecuada para gestionar el Capital Intelectual restringe la capacidad de las empresas para identificar, almacenar y compartir el conocimiento eficazmente. Sumado a esto, la insuficiencia de recursos financieros y humanos dedicados puede obstaculizar la implementación de prácticas sistemáticas de gestión del conocimiento.

2.2.1.3 Barreras de Liderazgo

Un liderazgo deficiente puede ser un gran impedimento para la adopción y promoción de la gestión del conocimiento. Los líderes juegan un papel crucial en la promoción de una cultura que valore y gestione el Capital Intelectual. Sin un compromiso y una visión clara por parte de la dirección, es difícil que la organización adopte cambios estructurales necesarios para aprovechar plenamente su Capital Intelectual.

2.2.1.4 Superación de Barreras

Para superar estas barreras, es esencial establecer una cultura organizacional que valore y fomente el aprendizaje y la innovación. Además, es crucial proporcionar los recursos tecnológicos y financieros necesarios y desarrollar un liderazgo fuerte que priorice y guíe la gestión del Capital Intelectual. Esto incluye la implementación de sistemas de información efectivos y la formación de una visión estratégica que integre los activos intangibles en el núcleo de la operación empresarial.

Cada subepígrafe se enfoca en describir y proponer soluciones para los retos específicos que las organizaciones enfrentan en la gestión del Capital Intelectual, permitiendo una comprensión más clara y medidas concretas para su superación.

2.3 Sistemas y componentes del Capital Intelectual en la organización

Este epígrafe explora cómo los sistemas de información y los distintos componentes del Capital Intelectual interactúan para crear y compartir conocimiento dentro de las organizaciones, destacando su importancia en la gestión empresarial moderna.

Los sistemas de información juegan un papel crucial en la captura y compartición del conocimiento dentro de las empresas. Las bases de datos, almacenan información estructurada esencial para el análisis y la toma de decisiones. por su parte, la gestión del conocimiento, facilita la colaboración y el intercambio de información a través de plataformas como wikis y foros. Las herramientas de análisis de datos, permiten a los gerentes extraer percepciones valiosas para estrategias empresariales.

Se enfatiza la necesidad de integración entre estos sistemas para proporcionar una visión cohesiva que respalde decisiones informadas y estratégicas, subrayando la importancia de habilidades analíticas en los gerentes y la promoción de una cultura de colaboración y aprendizaje continuo.

2.3.1 Componentes del Capital Intelectual

Este subepígrafe se divide en tres partes para tratar los componentes más tradicionales del Capital Intelectual: Capital Humano, Capital Estructural, y Capital Relacional, con una discusión adicional sobre el Capital Mercado:

- **Capital Humano:** se describe cómo el conocimiento, habilidades y experiencias de los empleados constituyen un activo crucial que impulsa la eficiencia y la innovación. Se discute la importancia de la formación y el desarrollo continuo.

- **Capital Estructural:** se examina cómo los procesos, patentes, marcas y otros sistemas y procedimientos intangibles contribuyen a la eficiencia operativa y la capacidad innovadora de las organizaciones.

- **Capital Relacional:** se analiza cómo los activos intangibles derivados de las relaciones con clientes, proveedores y otros stakeholders fortalecen la posición competitiva de la organización.

- **Capital Mercado:** se discute cómo la reputación, la marca y otros derechos de propiedad intelectual posicionan a la organización en el mercado y fortalecen su capacidad para atraer y retener clientes y talentos.

Los diferentes componentes del Capital Intelectual se aplican prácticamente para mejorar la gestión empresarial, incluyendo estrategias para la implementación efectiva y superación de barreras, como la inversión en tecnología adecuada, el desarrollo de una cultura de gestión del conocimiento y el liderazgo efectivo para fomentar un entorno que valore y utilice estos activos intangibles.

2.4 Conclusiones del Capítulo

Este capítulo ha abordado exhaustivamente la implementación y evaluación del Capital Intelectual, ofreciendo una visión comprensiva desde modelos operativos hasta las barreras y estrategias para su superación en el contexto empresarial moderno.

Inicialmente, exploramos los modelos y procedimientos para la implementación del Capital Intelectual, destacando la Propuesta de un Modelo Operativo como un marco fundamental para implementar y evaluar eficazmente el Capital Intelectual en diversas organizaciones. Este modelo no solo promueve una mejor comprensión y gestión del Capital Intelectual, sino que también facilita la integración del Capital Estructural, Relacional y Social, elementos clave para fortalecer las competencias organizacionales.

En términos prácticos, se discutieron herramientas y métodos como el Método de Expertos, que soportan la aplicación de modelos de implementación del Capital Intelectual, subrayando la importancia de la selección adecuada de expertos y el diseño de instrumentos de medición y recopilación de información precisos.

El capítulo también se adentró en la Gestión Práctica del Capital Intelectual, revelando tanto los desafíos como las soluciones prácticas para superar las barreras culturales, operativas, tecnológicas, de recursos y de liderazgo. Estas discusiones resaltan la necesidad imperativa de una cultura organizacional que valore y gestione activamente el Capital Intelectual como un activo esencial para la sostenibilidad y competitividad empresarial.

Además, se trató la importancia de los sistemas de información en la captura y compartición del conocimiento organizacional. El adecuado uso de bases de datos, sistemas de gestión del conocimiento y herramientas de análisis de datos es crucial para facilitar una gestión efectiva del Capital Intelectual, lo que permite a las empresas mejorar su rendimiento y obtener ventajas competitivas sostenibles.

En resumen, este capítulo destaca que la gestión efectiva del Capital Intelectual requiere un enfoque holístico que abarca desde la comprensión y medición hasta la integración y optimización de todos sus componentes. La adopción de modelos innovadores y el empleo de tecnologías avanzadas son fundamentales para transformar los activos intangibles en resultados tangibles que propulsen el éxito organizacional en el dinámico entorno actual.

Capítulo 3: Aplicación y Caso Práctico

Objetivo: Mostrar un caso práctico de medición del Capital Intelectual.

3.1 Estudio de Caso

Medición del Capital Intelectual: Caso hotelero

Resumen

El turismo se ha convertido en un legítimo potencial para el desarrollo socio-económico de muchos países. Las organizaciones de servicios gestionan activos intangibles, tanto o más que las empresas industriales y su contabilización, bajo la denominación de Capital Intelectual, representa uno de los retos esenciales a los que se enfrenta la contabilidad. El objetivo de la presente investigación fue medir el Capital Intelectual en el hotel objeto de estudio. Se utilizaron técnicas de diagnóstico como: encuestas, entrevistas y análisis de datos; además, siguiendo el modelo y procedimiento de los propios autores, el coeficiente de eficiencia del Capital Intelectual (i) se calculó de forma ponderada y no a través de una media no ponderada. En la selección de los indicadores y en el proceso de ponderación se tuvo en cuenta las características de la organización, además del criterio que emitieron los expertos. Se conoció para el período calculado el valor del Capital Intelectual del hotel, lo cual puede mejorar la efectividad de su gestión interna. Hubo un aumento en el Capital intelectual de la instalación hotelera analizada en 942.92 USD respecto al mes anterior.

Introducción

El tema analizado en la presente investigación es significativo y necesario, dado que aborda el problema de que aún la contabilidad financiera no informa todo lo requerido respecto a los activos intangibles, por lo que esto incorpora un reto en un período caracterizado por la incertidumbre empresarial, caracterizada por la globalización, y los vertiginosos cambios en los mercados y la tecnología (Vega Falcón & Rivero Díaz, 2018).

La adecuada medición del Capital Intelectual es transcendental, pero especialmente resulta indispensable, una vez medido, continuar con su gestión, por ser la guía de la competitividad organizacional en el siglo XXI (Ricárdez Jiménez & Borrás Atiénzar, 2013), en lo que aún existen significativas falencias en el ámbito empresarial.

La contabilidad habitual no informa lo suficiente respecto a los activos intangibles, componentes inmateriales y difíciles de medir, que ya han sido reconocidos mundialmente como Capital Intelectual, el cual ayuda actualmente con el mayor peso específico en las utilidades de diversas entidades, fundamentalmente en las que se apoyan en los conocimientos o las que pertenecen al sector de los servicios (Vega Falcón, 2016)

Los modelos de Capital Intelectual pretenden traducir y medir los objetivos estratégicos determinados por las empresas y paralelamente enunciar con transparencia las relaciones entre éstos (Azofra-Palenzuela, Ochoa-Hernández, Prieto-Moreno, & Santidrián-Arroyo, 2017).

Desde el cierre del siglo XX se ha desarrollado marcadamente la cantidad de artículos y libros orientados a la medición y gestión del Capital Intelectual (Vega Falcón, 2017), a pesar de esto, aún no existe un total consentimiento en diversos aspectos (Serenko & Bontis, 2013), fundamentalmente en lo relativo a la medición en sí (M. A. K. & Ismail, 2014).

Sobre este tema diversos conceptos son muy semejante, por ejemplo: activos intangibles, Capital Intelectual, activos de conocimiento, o estrictamente intangibles, siendo utilizados por autores como (Serenko & Bontis, 2013); (Bueno, 2013); (Berzkalne & Zelgalve, 2014); (Pastor, Glova, Liptak, & Kovac, 2017); (Demuner Flores, Saavedra García, & Camarena Adame, 2017); (Ozkan, Cakan, & Kayacan, 2017); (Villegas González, Hernández Calzada, & Salazar Hernández, 2017); entre otros, concepciones significativas, tanto para la medición como para la gestión, sin embargo, en determinados momentos se entremezclan y entorpecen su distinción.

Precisamente, el objetivo del presente estudio es medir el Capital Intelectual en el hotel objeto de estudio.

Para respetarse la confidencialidad de la información, no se detalla el nombre del hotel ni la fecha exacta del estudio, al no contarse con la autorización para ello.

Se trata de un hotel del polo turístico de Varadero, en Cuba.

Métodos

Para cumplir el objetivo propuesto, buscando el valor de la organización, la cual se apoya en sus activos intangibles, reconocidos como Capital Intelectual, los autores utilizó su propio modelo y procedimiento (Ver Figura 1), explicado detalladamente en (Vega Falcón & Rivero Díaz, 2018), distinguiéndose por vincularse con la estrategia organizacional; tener flexibilidad; detallar cada uno de sus componentes mediante una metodología fácil y ordenada; y ser extrapolable, ya que puede ser aplicado a cualquier organización.

Se utilizó el método de expertos para conseguir los resultados de la ponderación en los cálculos realizados, procesándose la información mediante Microsoft Excel y el software SPSS.

Se utilizaron varias técnicas de diagnóstico como: encuestas, entrevistas, y análisis de datos.

Resultados

Para la aplicación del modelo propuesto se tuvieron en cuenta dos meses febrero y marzo, con el objetivo de calcular el incremento del Capital Intelectual a partir de los indicadores escogidos teniendo en cuenta las características concretas del hotel objeto de estudio, a través del trabajo con los expertos.

En el modelo que proponen (Edvinsson & Malone, 1997), para realizar los cálculos del Capital Intelectual se les otorga el mismo peso específico a todos los indicadores seleccionados, en este trabajo se realizaron ponderaciones a los mismos porque se analizó que no todos tienen el mismo peso en específico, según los expertos.

Para medir los elementos claves del Capital Intelectual, fue necesario establecer una serie de indicadores en función de la estrategia y objetivos propios de cada organización. A continuación, se relacionan algunos de estos, los cuales están sujetos a perfeccionamiento a medida que se avanza en la investigación y en dependencia de las peculiaridades de la entidad objeto de estudio.

Capital Humano:

- Número de empleados.
- Índice de satisfacción.
- Índice de motivación.
- Rotación del personal.
- Rotación del personal administrativo.

- Proporción de empleados.
- Promedio de años de servicios en la empresa.
- Índice de empleados con responsabilidades.
- Promedio de edad del personal.
- Tiempo promedio de formación del personal.
- Proporción de principiantes.
- Índice de competencias del personal en tecnología informática.
- Índice de competencia del personal en idiomas.
- Promedio de años en el puesto de trabajo.
- Índice de formación del personal.
- Índice de cultura en trabajo en equipo.
- Índice de ausentismo.
- Índice de estabilidad.
- Índice de sentido de pertenencia.
- Índice de sugerencias por empleado.
- Índice de sugerencias aceptadas.
- Índice de liderazgo.
- Índice de innovación.
- Índice de trabajo en equipo.

Capital Estructural:

- ❖ **Propiedad Intelectual.**
  - Valor del nombre comercial o marca.
  - Registros de software.
  - Número de patentes.
  - Gastos en investigación y desarrollo.

- ❖ **Capital Organizacional:**
  - Índice de accesibilidad a la información.
  - Índice de utilización de la información.
  - Índice de intensidad innovadora.
  - Resultados de los procesos.
  - Cultura organizacional.

Capital Relacional:

- ❖ **Capital Clientela:**
  - Índice de satisfacción del cliente externo.
  - Índice de repitencia.
  - Retroalimentación.
  - Bases de datos de clientes.

- ❖ **Capital Proveedores:**
  - Índice de satisfacción con los proveedores.

- Números de negocios conjuntos.
- Ahorros derivados de la colaboración.
- Calidad de los canales de distribución.

❖ **Agentes del Entorno:**

- Índice de satisfacción con relación.
- Número de negocios conjuntos.
- Ahorros derivados de la colaboración.

❖ **Capital Mercado:**

- Imagen.
- Administración eficiente.
- Seguridad social, política, fiscal y financiera.
- Lugar de ubicación.
- Medio ambiente.

No todos los indicadores tienen el mismo tipo de unidad de medida, pues unos se expresan porcentualmente, otros en unidades monetarias, y algunos a través de un recuento directo. Estos últimos deben convertirse o bien en porcientos (identificándose como i) o bien en unidades monetarias (identificándose como C).

En la fórmula propuesta por (Edvinsson & Malone, 1997), para la determinación del Capital Intelectual, se le da el mismo peso de importancia a todos los indicadores i (utilizan una media aritmética no ponderada), lo cual no parece totalmente acertado, debido a que algunos de los indicadores son más representativos que otros a los efectos de eficiencia empresarial.

En el presente estudio se trabajó con el indicador (i) a través de una media ponderada en función de la importancia de cada indicador a los efectos de la estrategia y los objetivos empresariales. El valor de estas ponderaciones se obtuvo a través del criterio de los expertos designados en un trabajo grupal.

Para obtener los resultados de la ponderación anteriormente expuesta, fueron seleccionados 5 especialistas. Como expertos internos de la organización: el Director de Administración y la especialista de Recursos Humanos de uno de los hoteles de la cadena (ambos Máster en Gestión Turística), y como expertos externos de la organización: un Doctor en Ciencias investigador del tema, un Doctor en Ciencias que dirigió el proyecto de investigación y una tesis doctoral sobre esta temática; y una Máster en Gestión de Recursos Humanos

La cantidad de expertos a seleccionar debe ser menor o igual a α multiplicado por n, donde α es un número comprendido entre 0.1 y 1, y n son los elementos que caracterizan un determinado objeto de estudio, de acuerdo con (Cuétara Sánchez, 1997). En este último caso, n está caracterizada por la ponderación de los indicadores del coeficiente de eficiencia que se utiliza para la medición del Capital Intelectual, que en este caso son 21 indicadores. Se seleccionó un α igual a 0.25 para que no exigiera una cantidad de expertos muy alta, teniendo en cuenta lo novedoso de los procedimientos necesarios para calcular el Capital Intelectual, y, por ende, la carencia de expertos fiables en el entorno del desarrollo de presente trabajo, es decir, preferimos excepcionalmente en este caso, reducir el número de expertos en aras de una mayor calidad de los criterios emitidos por éstos.

A partir de los resultados obtenidos en la aplicación de la siguiente fórmula propuesta por (Cuétara Sánchez, 1997):

De los 21 indicadores del coeficiente de eficiencia (i) seleccionados, los expertos le asignaron el mayor valor al índice de satisfacción de clientes externos, el cual ocupó el primer lugar.

α x n 0.25 x 21 = 5.25

Se obtuvo una cantidad de expertos aproximadamente igual a 5.

Se valoró en orden decreciente de importancia a otros 12 indicadores que ocupan los lugares del 2 al 12. Posteriormente los lugares del 13 al 20 le correspondió a un grupo de indicadores entre los que se encuentra: % de ocupación de clientes; índice de competencias en idiomas); índice de competencia en Tecnología Informática; índice de ausentismo; índice de liderazgo; índice de disponibilidad PC; índice de satisfacción con los proveedores. Finalmente se valoró en el lugar 21 al indicador índice de cumplimiento de la plantilla.

A continuación, se cuantificaron los indicadores de medida absoluta del Capital Intelectual (C) y los indicadores del coeficiente de eficiencia del Capital Intelectual (i) en la entidad objeto de estudio, tomando como base los meses de febrero y marzo del año anterior en su totalidad. Los resultados de los cálculos efectuados se muestran a continuación en las tablas siguientes (desde la 1 hasta la 12 según la numeración particular de este capítulo):

Tabla 1. Método de ordenación de prioridades de los indicadores del coeficiente de eficiencia.

Atributos	E_1	E_2	E_3	E_4	E_5	P_J	V_J
I_1	3	2	3	5	3	16	0.014
I_2	11	21	19	19	9	79	0.068
I_3	8	9	10	7	10	44	0.038
I_4	5	4	7	6	5	27	0.023
I_5	6	10	8	4	8	36	0.031
I_6	14	11	9	11	13	58	0.050
I_7	13	12	10	9	11	55	0.048
I_8	12	13	11	10	15	61	0.053
I_9	15	17	14	16	14	76	0.066
I_{10}	16	14	17	15	16	78	0.067
I_{11}	17	16	13	12	18	76	0.066
I_{12}	2	3	4	2	4	15	0.013
I_{13}	1	1	1	1	1	5	0.004

Tabla 2. Método de expertos para la ponderación de aspectos de la encuesta que mide la satisfacción del cliente interno.

Aspectos	E1	E2	E3	E4	E5	RMN	V_J
A1	1	1	2	1	1	6	0.004
A2	15	14	10	14	11	64	0.042
A3	20	18	18	18	19	93	0.062
A4	14	15	15	16	15	75	0.050
A5	2	3	1	2	2	10	0.007
A6	16	17	17	15	16	81	0.054
A7	3	7	7	8	7	32	0.021
A8	17	16	16	17	20	86	0.057
A9	22	20	21	20	22	105	0.070
A10	19	19	20	22	18	98	0.065
A11	18	21	20	21	21	101	0.067
A12	4	7	7	6	4	28	0.019
A13	6	5	4	5	3	23	0.015
A14	5	4	5	4	6	24	0.016
A15	7	6	8	7	5	33	0.022
A16	8	8	9	8	8	41	0.027
A17	23	22	21	23	22	111	0.074
A18	24	24	22	22	23	115	0.076

Aspectos							
A19	9	10	10	10	9	48	0.032
A20	10	9	6	9	10	44	0.029
A21	11	10	12	12	12	57	0.038
A22	12	11	11	13	11	58	0.038
A23	13	13	13	11	13	63	0.042
A24	21	23	23	23	24	114	0.075
Σ						**1510**	**1.00**

Tabla 3. Método de expertos para la ponderación de aspectos de la encuesta que mide la motivación del cliente interno.

Aspectos	E1	E2	E3	E4	E5	RMN	V_J
A1	2	1	1	2	1	7	0.015
A2	3	4	3	3	4	17	0.037
A3	7	6	6	7	6	32	0.070
A4	12	10	10	12	12	56	0.123
A5	13	12	12	13	13	63	0.138
A6	4	3	4	5	3	19	0.042
A7	8	7	7	8	7	37	0.081
A8	11	13	13	11	11	59	0.130
A9	9	11	9	10	8	47	0.103
A10	10	9	11	9	9	48	0.105

A11	5	5	5	6	10	31	0.068
A12	6	8	8	4	5	31	0.068
A13	1	2	2	1	2	8	0.018
Σ						**455**	**1.000**

Tabla 4. Método de expertos para la ponderación de aspectos de la encuesta que mide la misión y visión de la organización.

Aspectos	E1	E2	E3	E4	E5	RMN	V_J
A1	1	1	2	2	1	7	0.032
A2	2	2	1	1	2	8	0.036
A3	3	4	3	3	3	16	0.072
A4	4	3	4	4	4	19	0.086
A5	5	5	6	5	5	26	0.117
A6	6	6	5	6	6	29	0.131
A7	9	8	8	8	9	42	0.189
A8	7	7	7	8	7	36	0.162
A9	8	8	8	7	8	39	0.176
Σ						**222**	**1.000**

Tabla 5. Método de expertos para la ponderación de aspectos de la encuesta que mide la calidad de los proveedores.

Aspectos	E1	E2	E3	E4	E5	RMN	V_J
A1	4	3	3	4	4	18	0.36
A2	1	2	1	1	2	7	0.14
A3	2	1	2	2	1	8	0.16
A4	3	4	3	3	4	17	0.34
Σ						50	1.00

Tabla 6. Método de expertos para la ponderación de aspectos de la encuesta que mide la competencia en Tecnología Informática.

Aspectos	E1	E2	E3	E4	E5	RMN	V_J
A1	2	1	1	2	1	7	0.09
A2	1	2	2	1	2	8	0.11
A3	3	3	3	4	3	16	0.21
A4	4	5	4	5	4	22	0.29
A5	5	4	5	3	5	22	0.29
Σ						75	1.00

Tabla 7. Método de expertos para la ponderación de aspectos de la encuesta que mide la competencia del nivel idiomático de la organización.

Aspectos	E1	E2	E3	E4	E5	RMN	V_J
A1	1	1	1	1	1	5	0.07
A2	3	2	2	3	2	12	0.16
A3	4	4	5	4	4	21	0.28
A4	2	3	2	3	3	13	0.17
A5	5	5	4	5	5	24	0.32
Σ						75	1.00

Tabla 8. Indicadores de medida absoluta del Capital Intelectual (C)

No.	Indicadores (c)	Febrero	Marzo
1	Inversión en principiantes (salarios + formación + otras retribuciones + entre otros)	$ 0.00	$ 0.00
2	Gasto promedio de formación del personal	0.00	674.00
3	Ingresos resultantes de nuevos negocios	0.00	0.00
4	Inversión en desarrollo de nuevos mercados	0.00	0.00
5	Inversión en TI	1000.00	1540.00

6	Inversión en actualización de sistemas de Intercambio Electrónico de Datos (IED)	2850.90	3000.00
7	Inversión en identificación de marca (logos / nombre)	0.00	0.00
8	Inversión en patentes nuevas, derechos de autor, etc.	3990.00	3900.00
9	Gastos I + D	530.00	0.00
10	Inversión en comunicación con el cliente (folletos, plegables, e-mail, tarjetas postales, manuales, etc.)	525.35	580.00
11	Inversión en comunicación con proveedores (10 % de 10)	185.60	120.00
12	Inversión en alianzas	0.00	0.00
13	Inversión en atenciones especiales a clientes	422.17	531.52
14	Inversión en atenciones a clientes VIP	87.70	117.65
	TOTAL	$ 9591.72	$ 10463.17

Tabla 9. Indicadores del coeficiente de eficiencia del Capital Intelectual

No.	Indicadores (i)	Febrero	Marzo
1	Índice de satisfacción de clientes internos (Encuesta)	4.88	4.89
2	Índice de ausentismo (No horas Ausentes / horas teóricas presentes)	0.98	0.97
3	Índice de estabilidad (Altas + Bajas) / Plantilla Total	0.08	0.07
4	Índice de formación (Empleados formados / total empleados)	11.00	11.00
5	Índice de motivación (Encuesta)	4.47	4.92
6	Índice de sentido de pertenencia	4.93	4.89
7	Índice de sugerencias por empleados (No de sugerencias / No empleados)	0.00	0.00
8	Índice de sugerencias aceptadas (No. sugerencias aceptadas / No. sugerencias realizadas)	0.00	0.00
9	Índice de competencia en Tecnología Informática	4.77	4.81
10	Índice de liderazgo (No. de líderes s / Total del personal)	0.13	0.13
11	Índice de competencias en idiomas (Encuestas)	4.78	4.96
12	Índice de rotación del personal (Personal que ha rotado /Personal que	0.75	0.75

	debió rotar)		
13	Índice de satisfacción del cliente externo(encuestas)	0.90	0.85
14	Índice de repitencia	0.04	0.03
15	Índice de satisfacción con los proveedores	4.69	4.83
16	Índice de disponibilidad de PC (No de PC/Total del personal que requiere PC)	0.97	0.97
17	Índice promedio de experiencia laboral en la profesión (Años promedio de experiencia en la profesión / 30 años)	0.37	0.37
18	Proporción de empleados administrativos (Empleados administrativos/Total del personal)	0.11	0.11
19	% ocupación de habitaciones	0.70	0.83
20	% de ocupación de clientes	0.80	0.90
21	Índice de cumplimiento de la plantilla	0.93	0.92

Tabla 10. Normalización de la matriz multiatributo del coeficiente de eficiencia ponderado.

No.	Indicadores (i)	Vj	Febrero (i)	Marzo (i)
1	Índice de satisfacción de clientes internos (Encuesta)	0.014	4.88	4.89
2	Índice de ausentismo (No horas Ausentes / horas teóricas presentes)	0.068	0.98	0.97
3	Índice de estabilidad (Altas + Bajas) / Plantilla Total	0.038	0.08	0.07
4	Índice de formación (Empleados formados / total empleados)	0.023	11.00	11.00
5	Índice de motivación (Encuesta)	0.031	4.47	4.92
6	Índice de sentido de pertenencia	0.050	4.93	4.98
7	Índice de sugerencias por empleados (No de sugerencias / No empleados)	0.048	0.00	0.00
8	Índice de sugerencias aceptadas (No. Sugerencias aceptadas /	0.053	0	0.00

	No. sugerencias realizadas)			
9	Índice de competencia en Tecnología Informática	0.066	4.77	0.13
10	Índice de liderazgo (No. de líderes / Total del personal)	0.067	0.13	4.96
11	Índice de competencias en idiomas (Encuestas)	0.066	4.78	0.75
12	Índice de rotación del personal (Personal que ha rotado / Personal que debió rotar)	0.013	0.75	0.85
13	Índice de satisfacción del cliente externo (encuestas)	0.004	0.90	0.85
14	Índice de repitencia	0.014	0.04	0.03
15	Índice de satisfacción con los proveedores	0.085	4.69	4.83
16	Índice de disponibilidad de PC (No de PC / Total del personal que requiere PC)	0.068	0.97	0.97
17	Índice promedio de experiencia laboral en la profesión (Años promedio de experiencia en la	0.034	0.37	0.37

	profesión / 30 años)			
18	Proporción de empleados administrativos (Empleados administrativos / Total del personal)	0.079	0.11	0.11
19	% ocupación de habitaciones	0.035	0.70	0.83
20	% de ocupación de clientes	0.056	0.80	0.90
21	Índice de cumplimiento de la plantilla	0.088	0.93	0.92
	TOTAL	1.00		

Tabla 11. Matriz normalizada del coeficiente de eficiencia ponderado (i) del mes de febrero del año anterior.

No.	Indicadores (i)	V_j	Febrero (i)	I ponderado
1	Índice de satisfacción de clientes internos (Encuesta)	0.014	0.99	0.0137
2	Índice de ausentismo (No. horas Ausentes / horas teóricas presentes)	0.068	1.00	0.068
3	Índice de estabilidad (Altas + Bajas) / Plantilla Total	0.038	1.00	0.038
4	Índice de formación (Empleados formados / total empleados)	0.023	1.00	0.023
5	Índice de motivación (Encuesta)	0.031	0.91	0.028
6	Índice de sentido de pertenencia	0.050	1.00	0.050
7	Índice de sugerencias por empleados (No de sugerencias / No empleados)	0.048	0.00	0.000
8	Índice de sugerencias aceptadas (No. sugerencias aceptadas	0.053	0.00	0.000

	/ No. sugerencias realizadas)			
9	Índice de competencia en Tecnología Informática	0.066	0.99	0.065
10	Índice de liderazgo (No. de líderes/ Total del personal)	0.067	1.00	0.067
11	Índice de competencias en idiomas (Encuestas)	0.066	0.96	0.063
12	Índice de rotación del personal (Personal que ha rotado / Personal que debió rotar)	0.013	1.00	0.013
13	Índice de satisfacción del cliente externo (encuestas)	0.004	1.00	0.004
14	Índice de repitencia	0.014	1.00	0.014
15	Índice de satisfacción con los proveedores	0.085	0.97	0.082
16	Índice de disponibilidad de PC (No de PC / Total del personal que requiere PC)	0.068	1.00	0.068

17	Índice promedio de experiencia laboral en la profesión (Años promedio de experiencia en la profesión / 30 años)	0.034	1.00	0.034
18	Proporción de empleados administrativos (Empleados administrativos / Total del personal)	0.079	1.00	0.079
19	% ocupación de habitaciones	0.035	0.84	0.029
20	% de ocupación de clientes	0.056	0.89	0.050
21	Índice de cumplimiento de la plantilla	0.088	1.00	0.088
	TOTAL	1.00		0.8767

Tabla 12. Matriz normalizada del coeficiente de eficiencia ponderado (i) del mes de marzo del año anterior.

No.	Indicadores (i)	V_J	Marzo (i)	I ponderado
1	Índice de satisfacción de clientes internos (Encuesta)	0.014	1.00	0.014
2	Índice de ausentismo (No horas Ausentes / horas teóricas presentes)	0.068	0.98	0.067
3	Índice de estabilidad (Altas + Bajas) / Plantilla Total	0.038	1.00	0.038
4	Índice de formación (Empleados formados / total empleados)	0.023	1.00	0.023
5	Índice de motivación (Encuesta)	0.031	1.00	0.031
6	Índice de sentido de pertenencia	0.050	0.99	0.050
7	Índice de sugerencias por empleados (No de sugerencias / No empleados)	0.048	0.00	0.000

8	Índice de sugerencias aceptadas No. sugerencias aceptadas / No. sugerencias realizadas)	0.053	0.00	0.000
9	Índice de competencia en Tecnología Informática	0.066	1.00	0.066
10	Índice de liderazgo (No. de líderes / Total del personal)	0.067	1.00	0.067
11	Índice de competencias en idiomas (Encuestas)	0.066	1.00	0.066
12	Índice de rotación del personal (Personal que ha rotado / Personal que debió rotar)	0.013	1.00	0.013
13	Índice de satisfacción del cliente externo (encuestas)	0.004	0.94	0.038
14	Índice de repitencia	0.014	0.75	0.011
15	Índice de satisfacción con los	0.085	1.00	0.085

	proveedores			
16	Índice de disponibilidad de PC (No de PC / Total del personal que requiere PC)	0.068	1.00	0.068
17	Índice promedio de experiencia laboral en la profesión (Años promedio de experiencia en la profesión / 30 años)	0.034	1.00	0.034
18	Proporción de empleados administrativos (Empleados administrativos / Total del personal)	0.079	1.00	0.079
19	% ocupación de habitaciones	0.035	1.00	0.035
20	% de ocupación de clientes	0.056	1.00	0.056
21	Índice de cumplimiento de la plantilla	0.088	0.99	0.087
	TOTAL		1.00	0.8938

En el caso del cálculo del Índice satisfacción de clientes externos, no se realizó encuestas debido a que se tomaron los resultados obtenidos por el hotel en encuestas aplicadas y validadas por el personal de dicha instalación, de la cual no conservaban los modelos impresos aplicados.

A partir de toda la información anterior fue posible determinar el Capital Intelectual para ambos meses de la forma siguiente:

Capital Intelectual = $\sum$ Indicadores de Medida Absoluta del Capital Intelectual (C) * $\sum$ Indicadores Ponderados del Coeficiente de Eficiencia del Capital Intelectual (I)

Mes de febrero:

Capital Intelectual = $ 9 591.72 * 0.8767 = $ 8 409.06

Mes de marzo:

Capital Intelectual = $ 10 463.17 * 0.8938 = $ 9 351.98

Incremento = $ 942.92

Una vez ponderados todos los indicadores de eficiencia(i) se multiplicó dicha ponderación por el valor del indicador propiamente dicho, obteniéndose así un valor de (i) ponderado. La sumatoria de estos últimos, 0.8767 para el mes de febrero, y 0.8938 para el mes de marzo representan el valor promedio ponderado de los indicadores (i).

Discusión

Los cálculos muestran un valor del Capital Intelectual para el mes de febrero equivalente a 8 409.06 USD., y para el mes de marzo ascendente a 9 351.98 USD.; o sea, se puede observar que hay un incremento en 942.92 USD, entre ambos meses.

Esta propuesta metodológica para el cálculo del Capital Intelectual puede generalizarse a cualquier instalación hotelera, pero nunca se debe olvidar las particularidades de cada entidad; además, muchos de estos cálculos poseen cierta cuota de subjetividad al tratarse de la medición de intangibles y sería difícil llegar a un consenso sobre el tema, incluso en la propia selección de los indicadores.

Sobre este tópico se debe tener presente que es preferible acercarse oportunamente a acertar tardíamente, por lo que el intento de medición con oportunidad del valor de estos importantes recursos intangibles, y su inclusión en los estados financieros, al menos como un anexo de los mismos, es de gran utilidad para el análisis del verdadero valor de una entidad y para su gestión.

Conclusiones

En el hotel objeto de estudio hubo un incremento en el Capital intelectual en 942.92 USD en el mes de marzo en relación al mes de febrero.

El coeficiente de eficiencia del Capital Intelectual (i) debe calcularse de forma ponderada y no mediante una media no ponderada.

En la selección de los indicadores y en el proceso de ponderación deben considerarse las características de cada entidad, además del criterio que expresan los expertos.

Los instrumentos y métodos utilizados en la investigación garantizan la calidad y fiabilidad de los resultados.

Capítulo 4: Preguntas Frecuentes: Desvelando el Capital Intelectual

Objetivo: Ofrecer una comprensión clara y profunda del Capital Intelectual a través de una serie de preguntas y respuestas que abordan los conceptos más importantes, ejemplos prácticos y perspectivas líderes en el campo.

Este capítulo busca clarificar dudas comunes, proporcionar percepciones valiosas y ofrecer una guía práctica para aquellos interesados en la implementación y gestión efectiva del Capital Intelectual en sus organizaciones.

Para estructurar el capítulo se divide en subapartados que agrupan las preguntas por temáticas específicas.

4.1 Preguntas sobre la introducción al Capital Intelectual

¿Qué es el Capital Intelectual?

El Capital Intelectual es el conjunto de activos intangibles que una organización posee, como conocimientos, habilidades, experiencias, patentes, marcas, relaciones y sistemas, que permiten crear valor y generar ventajas competitivas.

Para ilustrar el concepto de Capital Intelectual con ejemplos prácticos en el contexto empresarial, consideremos los casos siguientes:

- **Google:** el Capital Intelectual de Google incluye su avanzada tecnología de búsqueda y algoritmos de aprendizaje automático, pero también su cultura organizacional que promueve la innovación continua y la colaboración. Además, Google posee una vasta cantidad de patentes y marcas que protegen sus innovaciones y mantienen su ventaja competitiva en el mercado tecnológico.

- **Coca-Cola:** en el caso de Coca-Cola, su Capital Intelectual no solo abarca las fórmulas secretas de sus bebidas, sino también las estrategias de marketing global y la extensa red de relaciones con distribuidores y vendedores que aseguran su presencia mundial. Además, la marca Coca-Cola es un ejemplo significativo de Capital Intelectual, ya que es una de las más reconocidas globalmente, añadiendo un valor inmenso a la compañía.

- **Airbnb:** para Airbnb, el Capital Intelectual está en su plataforma digital que conecta a anfitriones y viajeros de todo el mundo. Su modelo de negocio se basa en el conocimiento colectivo de las necesidades de los viajeros y la capacidad de proporcionar una plataforma segura y confiable. Además, la base de datos de comentarios y calificaciones contribuye a crear confianza entre los usuarios, fortaleciendo su modelo de negocio basado en la economía compartida.

Estos ejemplos demuestran cómo diferentes tipos de empresas, desde tecnológicas hasta de consumo masivo, dependen de sus activos intangibles únicos para sostener y potenciar su éxito en el mercado.

¿Es lo mismo el Capital Intelectual que los activos intangibles?

Aunque relacionados, no son lo mismo. El Capital Intelectual incluye los activos intangibles como propiedad intelectual, marcas y patentes, pero también abarca elementos como la cultura organizacional y el know-how, que contribuyen a la ventaja competitiva de una empresa sin necesariamente ser contabilizados como activos en términos financieros.

Para ilustrar la distinción entre el Capital Intelectual y los activos intangibles, consideremos ejemplos prácticos en el contexto empresarial:

- **Apple Inc.:** es conocida por su fuerte Capital Intelectual que incluye no solo sus patentes tecnológicas y marcas icónicas como el iPhone y el Mac, sino también su cultura organizacional de innovación y diseño estético. La habilidad de Apple para integrar su tecnología con un diseño atractivo y una interfaz de usuario intuitiva es parte de su know-how, que, aunque intangible y difícil de cuantificar, genera una ventaja competitiva significativa.

- **IBM:** posee una vasta cantidad de patentes que representan activos intangibles. Sin embargo, su Capital Intelectual se extiende más allá para incluir su histórica capacidad en investigación y desarrollo, la cual ha cultivado a través de décadas y es crucial para su reputación y éxito en el sector tecnológico. Además, la gestión del conocimiento y la capacidad de innovación en IBM facilitan nuevos desarrollos y aplicaciones en inteligencia artificial y computación en la nube.

- **Starbucks:** sus activos intangibles incluyen su marca y derechos de propiedad sobre su logo y diseño de tiendas. Sin embargo, el Capital Intelectual de Starbucks abarca además su cultura corporativa centrada en la experiencia del cliente y la responsabilidad social, así como su expertise en la selección y el tostado del café. Estos elementos contribuyen profundamente al éxito de Starbucks, haciendo que su oferta sea única en el mercado.

Estos ejemplos muestran cómo las empresas líderes no solo valoran sus activos intangibles en términos de propiedad intelectual, sino que también desarrollan y cultivan un Capital Intelectual más amplio que incluye cultura, prácticas y conocimientos especializados, los cuales son cruciales para mantener su liderazgo y ventaja competitiva en el mercado.

¿Cómo ha evolucionado el concepto de Capital Intelectual a lo largo de los años?

El concepto de Capital Intelectual ha evolucionado significativamente desde sus primeras menciones en la década de 1990. Inicialmente, se centraba en la cuantificación de activos intangibles que no se reflejaban en los estados financieros tradicionales, como el conocimiento, las habilidades y la experiencia de los empleados. Con el tiempo, el enfoque se expandió para incluir la gestión estratégica de estos activos en pro del crecimiento y la innovación empresarial.

Por ejemplo, en los años 90, Skandia AFS fue una de las primeras empresas en reportar formalmente su Capital Intelectual, separando el capital humano, estructural y cliente. Hoy en día, empresas como Google y Microsoft consideran su Capital Intelectual como un componente esencial para su éxito, invirtiendo significativamente en la gestión del talento, desarrollo de tecnología y construcción de relaciones cliente-empresa, adaptando sus estrategias en tiempo real para mantener ventajas competitivas.

4.2 Preguntas sobre medición y gestión del Capital Intelectual

¿Cuáles son las principales metodologías para medir el Capital Intelectual?

Entre las metodologías destacan el método del valor de mercado, el método de costo, el método del retorno financiero, el método del mapa estratégico, y el método de la balanza intelectual, que ayudan a evaluar los activos intangibles de una organización de manera efectiva.

En la práctica real, empresas como Google, Boeing, Johnson & Johnson, Coca-Cola y Skandia, efectivamente gestionan activos intangibles que son críticos para su éxito. Los detalles exactos de cómo miden estos activos pueden variar y no siempre son públicamente divulgados debido a la naturaleza estratégica y competitiva de esta información.

Al consultar informes anuales, estudios de caso publicados, o literatura especializada donde las empresas detallan sus prácticas de gestión y medición del Capital Intelectual, el lector podrá tener una visión más precisa y fundamentada sobre cómo cada empresa aplica estas metodologías en su gestión estratégica.

En algunos casos, el método del Valor de Mercado se utiliza para evaluar el Capital Intelectual al comparar el valor de mercado de la empresa con su valor contable. El valor de mercado suele ser significativamente más alto debido a intangibles como su tecnología de búsqueda, bases de datos de comportamiento de usuarios y su cultura de innovación, entre otros.

En otros casos se aplica el método de costo para calcular el valor del Capital Intelectual, incluyendo los costos de desarrollo de los avances tecnológicos y los programas de capacitación avanzada para el personal, que son fundamentales para el liderazgo en la industria.

También se emplea el retorno financiero para evaluar la efectividad del Capital Intelectual, analizando cómo las inversiones en investigación y desarrollo afectan directamente la rentabilidad de nuevos productos.

Igualmente, se emplea mapas estratégicos para visualizar cómo los activos intangibles, como la gestión de marca y la distribución global, contribuyen a lograr objetivos estratégicos y generar valor empresarial.

¿Es posible debitar y acreditar el Capital Intelectual en el proceso contable de una empresa?

Sí, aunque el Capital Intelectual no se trata como un activo en los estados financieros tradicionales, su gestión se puede reflejar en la contabilidad como inversiones en actividades como investigación y desarrollo, formación de empleados y adquisición de tecnología. Por ejemplo, los costos de desarrollo de un nuevo producto se pueden registrar como inversión en Capital Intelectual.

En el contexto empresarial, la contabilización del Capital Intelectual, aunque no siempre se registra como un activo tangible en los estados financieros, se refleja indirectamente a través de varias actividades. Existen diversos ejemplos de cómo las empresas contabilizan este tipo de inversión:

- **Investigación y Desarrollo (I+D):** muchas empresas tecnológicas, como Apple y Google, registran significativas inversiones en I+D como parte de su Capital Intelectual. Estos gastos generalmente se reflejan en sus estados financieros y son clave para el desarrollo de nuevos productos y tecnologías que sostienen su ventaja competitiva.

- **Formación y Desarrollo del Personal:** empresas como McDonald's y Amazon invierten en programas extensivos de formación para sus empleados. Estas inversiones, aunque generalmente registradas contablemente como gastos, representan un aumento en el Capital Humano, que es un componente esencial del Capital Intelectual.

- **Adquisición de Tecnología y Licencias:** la compra de software avanzado o licencias tecnológicas es común en empresas como IBM y SAP, que utilizan estas herramientas para mejorar la eficiencia operativa y la oferta de servicios a clientes, reflejándose estas compras en sus libros como inversión en Capital Intelectual.

Aunque estos gastos no incrementan directamente los activos tangibles de la empresa, son cruciales para el crecimiento a largo plazo y la sustentabilidad del negocio, contribuyendo significativamente al valor global de la empresa. Estas inversiones, aunque registradas inicialmente como gastos, pueden ser capitalizadas bajo ciertas normas contables, dependiendo de si cumplen con los criterios de activación especificados por las normas de contabilidad pertinentes.

¿Cuáles son los retos comunes al medir el Capital Intelectual y cómo pueden superarse?

Medir el Capital Intelectual presenta desafíos principalmente debido a su naturaleza intangible y heterogénea. No existe un estándar único de medición que pueda aplicarse universalmente, lo que puede llevar a inconsistencias y subjetividades en la evaluación de estos activos.

Superar estos desafíos implica adoptar un marco de medición mixto que combine elementos cualitativos y cuantitativos. Por ejemplo, existen empresas tecnológicas que utilizan un conjunto de indicadores que incluyen patentes registradas (cuantitativo) y la satisfacción del empleado (cualitativo) para proporcionar una visión más holística de su Capital Intelectual. La adopción de tecnologías avanzadas como la inteligencia artificial también puede facilitar la recolección y análisis de grandes volúmenes de datos sobre el conocimiento y la experiencia del empleado, mejorando la precisión de las mediciones.

¿Qué impacto tiene la tecnología en la gestión del Capital Intelectual?

La tecnología ha revolucionado la gestión del Capital Intelectual, principalmente a través de herramientas que facilitan la captura, almacenamiento y distribución del conocimiento. Plataformas como Microsoft Teams y Slack permiten una colaboración en tiempo real, mientras que sistemas de gestión del conocimiento como Confluence o SharePoint organizan y preservan el conocimiento corporativo accesible para su futuro uso.

Un ejemplo destacado es IBM, que utiliza herramientas avanzadas de análisis de datos para identificar tendencias y habilidades emergentes entre sus empleados, lo que permite ajustes proactivos en sus programas de capacitación y desarrollo. Esto no solo mejora la retención de talento, sino que también asegura que la empresa se mantenga al frente de la innovación tecnológica.

¿Cómo pueden las pequeñas y medianas empresas (PYMEs) aprovechar su Capital Intelectual para crecer?

Las pequeñas y medianas empresas pueden utilizar su Capital Intelectual como una palanca crucial para el crecimiento y la diferenciación en el mercado. Un enfoque efectivo es maximizar el capital humano a través de programas intensivos de formación y desarrollo que aumenten la competencia y eficiencia del personal. Por ejemplo, una pequeña empresa de software podría invertir en capacitaciones avanzadas en nuevas tecnologías y metodologías de programación, lo que no solo mejora su oferta de productos, sino que también atrae talento de alta calidad.

Además, las PYMEs pueden fortalecer su capital relacional desarrollando fuertes relaciones con clientes y proveedores, lo que puede traducirse en alianzas estratégicas y oportunidades de co-innovación. Un ejemplo podría ser una pequeña empresa de consultoría que, mediante la creación de redes efectivas, logra proyectos colaborativos con firmas más grandes, expandiendo así su alcance de mercado y experiencia.

¿Qué papel juegan los recursos humanos en la gestión del Capital Intelectual?

El departamento de recursos humanos (RRHH) juega un papel central en la gestión del Capital Intelectual, especialmente en lo que respecta al capital humano. RRHH es responsable de diseñar estrategias para la adquisición, desarrollo y retención de talento. Esto incluye todo desde el reclutamiento, la selección y la orientación, hasta la capacitación, el desarrollo y la gestión del rendimiento.

Por ejemplo, Google utiliza análisis predictivos para identificar las necesidades de desarrollo de sus empleados y personalizar programas de capacitación. Esto no solo ayuda a Google a mantener una fuerza laboral altamente calificada, sino que también aumenta la satisfacción y retención de empleados, fortaleciendo su Capital Intelectual general.

4.3 Preguntas sobre componentes del Capital Intelectual

¿Cuáles son los componentes del Capital Intelectual?

Los componentes del Capital Intelectual son el Capital Humano, que incluye el conocimiento y habilidades de los empleados; el Capital Estructural, que comprende los sistemas y procesos que retienen el conocimiento corporativo; y el Capital Relacional, que se refiere a las relaciones que la empresa mantiene con clientes y proveedores.

Los componentes del Capital Intelectual son cruciales para el funcionamiento y éxito de cualquier empresa moderna. Existen ejemplos concretos de cómo diferentes compañías aplican estos componentes en sus estrategias de negocio:

Capital Humano:

- **Google:** esta empresa tecnológica es famosa por su enfoque en atraer y retener talento de alta calidad mediante programas de desarrollo, una cultura de trabajo inclusiva y beneficios excepcionales. Sus empleados son alentados a dedicar tiempo a proyectos personales que puedan beneficiar a la empresa, lo que potencia la innovación y el desarrollo de nuevos productos.

- **McKinsey & Company:** la consultora invierte considerablemente en formar a sus consultores, proporcionando una educación continua y oportunidades de aprendizaje para asegurar que su equipo posea las habilidades y el conocimiento actualizados, fundamentales para brindar asesoría estratégica a sus clientes.

Capital Estructural:

- **Amazon:** utiliza sistemas de gestión del conocimiento altamente sofisticados para operar su vasta red logística y plataforma de e-commerce. Estos sistemas permiten una eficiencia operacional sin precedentes y una capacidad de escalamiento masivo.

- **SAP:** desarrolla y utiliza software avanzado para gestionar sus propias operaciones y las de sus clientes, almacenando y utilizando conocimiento crítico que mejora continuamente sus procesos y ofertas de servicios.

Capital Relacional:

- **Apple:** ha cultivado relaciones duraderas y mutuamente beneficiosas con sus proveedores y tiene una base de clientes leales debido a su enfoque en la calidad del producto y la experiencia del cliente. Esta sólida red de relaciones es un componente clave de su éxito sostenido.

- **Coca-Cola:** mantiene relaciones fuertes y estratégicas con distribuidores y minoristas para asegurar una presencia global masiva. Su capacidad para gestionar estas relaciones es fundamental para su operación y crecimiento en mercados internacionales.

Cada uno de estos componentes del Capital Intelectual es esencial para crear y mantener una ventaja competitiva sostenible. Las empresas que logran gestionar eficazmente estos activos intangibles suelen disfrutar de un mayor éxito y una posición dominante en sus respectivos mercados.

4.4 Preguntas sobre la Implementación Práctica del Capital Intelectual

¿Qué diferencias existen entre el Capital Intelectual y la gestión del conocimiento?

El Capital Intelectual se refiere a los activos intangibles que una organización posee, mientras que la gestión del conocimiento implica los procesos de identificar, capturar, almacenar, compartir y aplicar este conocimiento de manera efectiva para mejorar la performance organizacional.

La diferencia entre el Capital Intelectual y la gestión del conocimiento puede ilustrarse claramente con ejemplos específicos del contexto empresarial:

IBM:

- **Capital Intelectual:** IBM valora su vasto Capital Intelectual que incluye patentes tecnológicas, propiedad intelectual y una profunda base de conocimientos técnicos acumulada a lo largo de décadas de investigación y desarrollo.

- **Gestión del conocimiento:** IBM implementa sistemas de gestión del conocimiento sofisticados que permiten a sus empleados acceder y compartir información crítica, lo que facilita la innovación y mejora la eficiencia operativa. Un ejemplo es su plataforma interna de colaboración que integra comunidades de práctica globales, permitiendo el intercambio de ideas y soluciones entre empleados de diferentes regiones.

Accenture:

- **Capital Intelectual:** Accenture acumula Capital Intelectual a través de su extensa experiencia en consultoría en múltiples industrias, lo que incluye metodologías propias, modelos de negocio innovadores y una profunda comprensión de las prácticas de mercado.

- **Gestión del conocimiento:** la compañía utiliza herramientas avanzadas para gestionar este conocimiento, tales como bases de datos internas donde se almacenan estudios de caso, *white papers* y mejores prácticas. Esto no solo mejora la capacidad de servicio al cliente, sino que también asegura que los empleados de todo el mundo puedan aprender y aplicar soluciones probadas independientemente de su ubicación.

Procter & Gamble (P&G):

- **Capital Intelectual:** P&G ha desarrollado numerosas innovaciones en productos de consumo que son protegidas por patentes, además de técnicas de marketing y estrategias de branding que forman parte de su capital intelectual.

- **Gestión del Conocimiento:** P&G opera un sistema llamado "Connect + Develop" que utiliza para gestionar el conocimiento, incentivando a empleados a colaborar tanto interna como externamente con inventores y creativos de todo el mundo para codesarrollar nuevos productos y soluciones.

Estos ejemplos muestran cómo el Capital Intelectual se refiere a los recursos y activos intangibles que una empresa posee y acumula, mientras que la gestión del conocimiento se ocupa de cómo esos recursos son administrados, compartidos y utilizados para maximizar su potencial. Ambos conceptos son fundamentales para la competitividad y la innovación en el ámbito empresarial moderno.

¿Cuáles son algunos ejemplos prácticos de cómo las empresas han utilizado el Capital Intelectual para mejorar su competitividad?

Varias empresas han utilizado el Capital Intelectual para mejorar su posición competitiva en el mercado. Por ejemplo, 3M es conocida por su enfoque en la innovación continua, respaldada por su inversión en el Capital Intelectual. La empresa fomenta una cultura de innovación donde los empleados son incentivados a dedicar tiempo a proyectos de investigación y desarrollo, lo que ha resultado en productos innovadores como las Notas Post-it.

Otro ejemplo es Tesla, que no solo valora el conocimiento técnico y la experiencia en ingeniería eléctrica, sino que también invierte en el desarrollo del Capital Intelectual a través de programas de capacitación avanzada y colaboraciones con instituciones educativas para mantener su liderazgo en tecnología automotriz eléctrica.

Estos ejemplos muestran cómo el enfoque en el Capital Intelectual puede llevar a la creación de productos únicos y a una fuerte diferenciación en el mercado, proporcionando así una ventaja competitiva sostenible.

4.5 Preguntas sobre la Innovación y Tecnología

Mencione reconocidas casas consultoras que brindan servicios en la medición y gestión del Capital Intelectual

Empresas como Deloitte, PwC, Ernst & Young, KPMG, Accenture, y McKinsey & Company ofrecen servicios extensivos en la medición y gestión del Capital Intelectual, ayudando a las organizaciones a aprovechar sus activos intangibles para mejorar su competitividad y eficiencia.

A continuación, se expone una ampliación detallada sobre las capacidades específicas de cada una de estas consultoras en la medición y gestión del Capital Intelectual:

- **Deloitte:** ofrece servicios avanzados en gestión del conocimiento y Capital Intelectual a través de su unidad de Analytics & Cognitive, que utiliza tecnologías de inteligencia artificial y análisis de datos para ayudar a las empresas a transformar sus activos intangibles en ventajas competitivas tangibles.

- **PwC (PricewaterhouseCoopers):** asiste a sus clientes en la identificación y valoración de activos intangibles a través de su práctica de asesoramiento estratégico. La firma proporciona también evaluaciones para medir la efectividad de las estrategias de gestión del conocimiento y desarrollar enfoques para optimizar el capital intelectual.

- **Ernst & Young (EY):** ofrece servicios de Advisory que incluyen la evaluación y optimización del Capital Intelectual. Esto engloba desde la gestión de propiedad intelectual hasta la integración de innovación en las estructuras corporativas, lo que permite a las empresas mejorar su capacidad de innovación y operativa.

- **KPMG:** ayuda a las organizaciones a entender y mejorar el valor de sus activos intangibles con enfoques personalizados que integran las últimas tecnologías y metodologías de medición. Su práctica incluye servicios de optimización de la propiedad intelectual y estrategias de gestión del conocimiento.

- **Accenture:** destaca en la transformación digital y la innovación, asistiendo a las empresas en la gestión y aprovechamiento de su Capital Intelectual a través de soluciones de tecnología avanzada y estrategias de negocio que integran plenamente los activos intangibles en la toma de decisiones corporativas.

- **McKinsey & Company:** proporciona asesoría estratégica en Capital Intelectual, ofreciendo a las empresas un profundo análisis del valor que sus activos intangibles pueden generar. La consultoría se centra en maximizar el impacto de estos activos a través de prácticas innovadoras y la implementación de sistemas de gestión del conocimiento efectivos.

Cada una de estas consultoras tiene un enfoque único y especializado en la medición y gestión del Capital Intelectual, adaptando sus servicios a las necesidades específicas del mercado y las características particulares de cada cliente, proporcionando una amplia gama de herramientas y estrategias para fortalecer la competitividad y el rendimiento organizacional a través de la optimización de activos intangibles.

¿Cómo se relacionan la innovación y el Capital Intelectual?

La innovación y el Capital Intelectual están intrínsecamente relacionados, ya que el primero a menudo depende del segundo. El Capital Intelectual proporciona los recursos necesarios - conocimientos, habilidades, experiencias - que son fundamentales para la innovación. Una gestión eficaz del Capital Intelectual asegura que una organización no solo genere nuevas ideas, sino que también tenga la capacidad de implementarlas efectivamente.

Apple es un ejemplo clásico, donde su capacidad para innovar continuamente y liderar en tecnología se debe en gran parte a su enfoque en maximizar y proteger su Capital Intelectual. Esto incluye desde la gestión de talento creativo hasta inversiones en investigación y desarrollo y la protección de sus innovaciones a través de patentes.

4.6 Preguntas sobre de Teoría a Práctica

Mencione reconocidos autores sobre medición y gestión del Capital Intelectual

Autores destacados incluyen a Karl Erik Sveiby, Leif Edvinsson, Thomas A. Stewart, Bernard Marr, Nick Bontis, Jan Mouritsen, Edna Pasher, David J. Teece y Charles Edquist, quienes han contribuido significativamente al campo con sus investigaciones y publicaciones.

A continuación, se brinda más información sobre estos autores y sus contribuciones al campo del Capital Intelectual:

- **Karl Erik Sveiby:** considerado uno de los "padres" del Capital Intelectual. En 1997, Sveiby publicó "The New Organizational Wealth: Managing and Measuring Knowledge-Based Assets", que es uno de los primeros intentos comprehensivos de conceptualizar y medir el Capital Intelectual en las organizaciones.

- **Leif Edvinsson:** otro pionero en el campo, Edvinsson introdujo el concepto de "Navegador de Capital Intelectual" mientras trabajaba en Skandia. Coautor del libro "Intellectual Capital: Realizing Your Company's True Value by Finding its Hidden Brainpower", que ayuda a las empresas a entender y aprovechar su capital intelectual.

- **Thomas A. Stewart:** autor de "Intellectual Capital: The New Wealth of Organizations", que ayudó a popularizar el concepto de Capital Intelectual y explicó cómo las empresas pueden gestionar su conocimiento para obtener ventajas competitivas.

- **Bernard Marr:** ha escrito extensamente sobre el desempeño organizacional y la gestión del conocimiento. Su libro "The Intelligent Company: Five Steps to Success with Evidence-Based Management" es una guía práctica sobre cómo las empresas pueden usar el capital intelectual y los datos para mejorar su desempeño.

- **Nick Bontis:** un líder en el campo de la gestión del conocimiento y el capital intelectual, Bontis ha investigado ampliamente cómo el conocimiento afecta el rendimiento organizacional. Es conocido por su libro "Information Bombardment: Rising Above the Digital Onslaught".

- **Jan Mouritsen:** profesor e investigador que ha trabajado en cómo el conocimiento y el capital intelectual pueden ser medidos y gestionados dentro de las estructuras contables y de gestión. Coautor de varios trabajos académicos que exploran la interfaz entre contabilidad, control y capital intelectual.

- Edna Pasher: fundadora y CEO de Edna Pasher PhD & Associates, una firma de consultoría que se especializa en gestión del conocimiento y capital intelectual. Autora de varios libros y artículos que abordan cómo las organizaciones pueden estructurar y gestionar su conocimiento para lograr el éxito sostenible.

- **David J. Teece:** profesor en la Universidad de California, Berkeley, conocido por su trabajo en capacidades dinámicas y cómo las empresas pueden gestionar el conocimiento para mantener ventajas competitivas en mercados rápidamente cambiantes. Su trabajo ha sido fundamental en el estudio del papel de los activos intangibles en la ventaja competitiva corporativa.

- **Charles Edquist:** profesor en la Universidad de Lund, Suecia, conocido por su investigación sobre sistemas de innovación, que incluyen el capital intelectual como un componente crucial. Coautor del libro "Systems of Innovation: Technologies, Institutions and Organizations".

Cada uno de estos autores ha aportado valiosas perspectivas y métodos para entender, medir y gestionar el capital intelectual, influyendo en cómo las organizaciones abordan este activo crítico en la era del conocimiento. Sus trabajos no solo han sido académicamente influyentes, sino que también han tenido un impacto práctico en el mundo empresarial, ayudando a las organizaciones a valorar y optimizar sus activos intangibles.

¿Qué estrategias pueden adoptar las empresas para proteger su Capital Intelectual?

Proteger el Capital Intelectual es crucial para mantener la ventaja competitiva. Las estrategias pueden incluir el uso de acuerdos de confidencialidad y no competencia, la protección de la propiedad intelectual a través de patentes y derechos de autor, y la implementación de sistemas de seguridad de la información avanzados para proteger los datos críticos.

Por ejemplo, empresas farmacéuticas como Pfizer invierten considerablemente en la protección de su propiedad intelectual mediante patentes, asegurando que sus descubrimientos e innovaciones médicas permanezcan exclusivos y generen ingresos durante un período prolongado antes de que la competencia pueda replicar sus productos.

Estos ejemplos y estrategias subrayan la importancia del Capital Intelectual en varios aspectos del negocio moderno, desde fomentar la innovación y mantener la competitividad, hasta garantizar un crecimiento sostenible y gestionar eficazmente los recursos humanos.

4.7 Reflexiones Finales y Recomendaciones

Menciones reconocidos libros sobre medición y gestión del Capital Intelectual

Obras como "Capital Intelectual" de Leif Edvinsson, "La gestión del conocimiento" de Karl M. Wiig, y "Medición del Capital Intelectual" de Andreas Hoffmann son referencias clave para cualquier profesional interesado en profundizar en la medición y gestión de estos valiosos activos.

Conclusiones Generales

En este libro, hemos explorado la esencia y la importancia del Capital Intelectual desde múltiples perspectivas, proporcionando una comprensión exhaustiva de sus orígenes, desarrollo y aplicaciones prácticas dentro del entorno empresarial. A través de los distintos capítulos, se ha delineado una narrativa coherente que ilustra cómo el Capital Intelectual constituye un pilar fundamental para la competitividad y la innovación en las organizaciones modernas.

En el Capítulo 1, se establecieron los cimientos teóricos del Capital Intelectual, destacando su evolución y la relevancia de sus componentes principales: el Capital Humano, el Capital Estructural y el Capital Relacional. Además, se discutieron metodologías avanzadas para la medición y contabilización del Capital Intelectual, destacando cómo estos métodos contribuyen a una mayor transparencia y eficacia en la gestión empresarial.

El Capítulo 2 profundizó en los modelos y procedimientos para la implementación efectiva del Capital Intelectual, destacando un modelo operativo específico que ha demostrado ser exitoso en el contexto hotelero, aunque su aplicabilidad se extiende a otros sectores. También se abordaron las herramientas necesarias para apoyar la implementación y los desafíos comunes que enfrentan las organizaciones, proponiendo estrategias para superar barreras culturales, tecnológicas y de liderazgo.

En el Capítulo 3, a través de un caso práctico, se demostró cómo la teoría del Capital Intelectual se aplica en un contexto real, proporcionando percepciones valiosas sobre la gestión y optimización del Capital Intelectual en un entorno empresarial dinámico y competitivo.

El Capítulo 4, dedicado a las preguntas frecuentes, sirvió como una plataforma interactiva para profundizar en el entendimiento del Capital Intelectual, abordando inquietudes comunes y proporcionando clarificaciones que enriquecen el conocimiento del lector sobre cómo medir, gestionar e implementar el Capital Intelectual de manera efectiva.

Este libro no solo ha servido para aclarar conceptos y proporcionar un marco teórico y práctico sobre el Capital Intelectual, sino que también ha destacado la importancia crítica de este activo intangible en la generación de valor a largo plazo para las organizaciones. La capacidad de una empresa para gestionar efectivamente su Capital Intelectual es decisiva en su capacidad para innovar, adaptarse y prosperar en la economía del conocimiento.

Las empresas que comprenden y valoran adecuadamente su Capital Intelectual están mejor equipadas para enfrentar los desafíos del futuro, adaptándose a cambios rápidos en el mercado y manteniendo ventajas competitivas sostenibles. Por lo tanto, este libro ofrece no solo una comprensión, sino también herramientas prácticas que pueden transformar la estrategia organizacional y conducir al éxito continuado en un mundo empresarial cada vez más guiado por el conocimiento y la innovación.

Las reflexiones y metodologías presentadas en este texto son esenciales para cualquier líder empresarial, académico, consultor o profesional que busque profundizar su entendimiento y capacidad de acción en el ámbito del Capital Intelectual.

Referencias Bibliográficas

Ahlawat, D., Sharma, P., & Kumar, S. (2023). A systematic literature review of current understanding and future scope on Green Intellectual Capital. *Intangible Capital*, 19(2), 165-188. https://doi.org/10.3926/ic.2191

Archibold, W. y Escobar, A. (2015). Capital intelectual y gestión del conocimiento en las contralorías territoriales del departamento del Atlántico. *Dimensión Empresarial*, 13(1), 133–146. http://ojs.uac.edu.co/index.php/dimension-empresarial/article/view/342

Armenteros, M. y Vega, V. (2000). *Evolución histórica de la Contabilidad de Gestión en Cuba*. En T. J. Balada y V. M. Ripoll (Coords.), Situaciones y tendencias de la Contabilidad de Gestión en el ámbito Iberoamericano (pp. 25–30). AECA

Azofra-Palenzuela, V., Ochoa-Hernández, M. L., Prieto-Moreno, B., & Santidrián-Arroyo, A. (Julio/Septiembre de 2017). Creando valor mediante la aplicación de modelos de capital intelectual. *Innovar,* Volumen 27(Número 65), p. 25-38. doi:https://doi.org/10.15446/innovar.v27n65.64887

Berzkalne, I., & Zelgalve, E. (2014). Capital intelectual y valor de la empresa. *Procedia - Social and Behavioral Sciences*, Volumen 110, 887-896. doi:https://doi.org/10.1016/j.sbspro.2013.12.934

Bueno, E. (2013). El capital intelectual como sistema generador de emprendimiento e innovación. *Economía industrial*, 388, 15–22. https://www.mincotur.gob.es/Publicaciones/Publicacionesperiodicas/EconomiaIndustrial/RevistaEconomiaIndustrial/388/Eduardo%20Bueno.pdf

Castellanos, B. (1999). *La planificación del proceso investigativo. Selección de lecturas.* Universidad de Matanzas, Vice-Rectoría Docente. Matanzas: Universidad de Matanzas.

Chiavenato, I. (2001). *Administración de los Recursos Humanos* (Vol. Quinta Edición). Santa Fé de Bogotá, Colombia: Mc Graw Hill.

Costa, V., Silva, L. & Loureiro, P. (2020). Intellectual capital and its impact on business performance: An empirical study of Portuguese hospitality and tourism sectors. *Intangible Capital*, 16(2), 78–89. https://doi.org/10.3926/ic.1550

Cuervo, T., Blanco, A. y Del Castillo, C. (2021). Intangible assets and business results of large companies. *Intangible Capital*, 17(2), 108–123. https://doi.org/10.3926

Cuétara Sánchez, L. (1997). *Metodología para la evaluación de servicios de transporte turísticos.* La Habana: Instituto Politécnico Superior "José Antonio Echeverría".

Davis, K., & Newstrom, J. (1999). *Comportamiento humano en el trabajo.* Ciudad de México, México, México: Mc Graw Hill.

Demuner Flores, M. d., Saavedra García, M. L., & Camarena Adame, M. E. (2017). Medición del capital intelectual en el sector bancario: aplicación de los modelos Skandia y vaic. Volumen 27(Número 66), 75-89. doi:http://orcid.org/0000-0002-4921-

Di Ubaldo, M., & Siedschlag, I. (2020). Investment in Knowledge-Based Capital and Productivity: Firm-Level Evidence from a Small Open Economy. *Review of Income and Wealth*. https://doi.org/10.1111/roiw.12464

Dubitzky, A. (1943). [Reseña de Trabajo e Industria Soviética, por L. E. Hubbard]. *Revista de Economía Política*, 51(4), 373–374. http://www.jstor.org/stable/1826817

Edvinsson, L., & Malone, M. (1997). *El Capital Intelectual: cómo identificar y calcular el valor de los recursos intangibles de su empresa*. España: Editorial Gestión 2000. Recuperado el 10 de 03 de 2016

Erjavec, E., Redek, T., & Godnov, U. (2024). El estudio del análisis del capital intangible en la literatura económica en Scopus fuentes 1908-2021: La caja negra corporativa sin abordar. *Capital Intangible,* 20(1), 16-42. https://doi.org/10.3926/ic.2211-16-

França, A y Rua, O. (2018). Relationship between intangible resources, absorptive capacities and export performance. *Tourism & Management Studies*, 14(1), 94–107. https://doi.org/10.18089/tms.2018.14108

Fernández, C. (1999). *La Comunicación en las Organizaciones*. México: Trillas.

Goddard, A. (1997). Organizational Culture and Budget Related Behavior: A Comparative Contingency Study of Three Local Government Organizations. the International *Journal of Accounting*, 32(1), 79-97. Recuperado el 10 de 04 de 2016

Kaus, W., Slavtchev, V., & Zimmermann, M. (2020). Intangible capital and productivity: Firm-level evidence from German manufacturing. In IWH Discussion Papers (1/2020; IWH Discussion Papers). Halle Institute for Economic Research

(IWH). Available at:
https://ideas.repec.org/p/zbw/iwhdps/12020.html

Kaplan, R., & Norton, D. (enero- febrero de 1992). Kaplan, Robert S. y Norton, David P. El Cuadro de Mando Integral. *Harvard Business Review*, 70(1). Recuperado el 09 de 08 de 2015

Li, W.C.Y., & Hall, B.H. (2020). Depreciation of Business R&D Capital. *Review of Income and Wealth,* 66(1), 161-180. https://doi.org/10.1111/roiw.12380

M. A. K., A.-M., & Ismail, K. N. (2014). Intellectual capital and its effect on financial performance of banks: Evidence from Saudi Arabia. *Procedia-Social and Behavioral Sciences*, 164, 201-207. doi:https://doi.org/10.1016/j.sbspro.2014.11.068

Melian, G. (2018). Liquidación de activos intangibles en las empresas mixtas cubanas. *Revista la propiedad inmaterial*, (26), 5–27. https://doi.org/10.18601/16571959.n26.01

Miotto, G., Del-Castillo-Feito, C., y Blanco-González, A. (2020). Reputation and legitimacy: Key factors for Higher Education Institutions sustained competitive advantage. *Journal of Business Research,* 112, 342–353.
https://doi.org/10.1016/j.jbusres.2019.11.076

Navarro García, J. C. (2004). Cambios en la normativa sobre fondo de comercio: Algunas evidencias empíricas. *Revista de Contabilidad*, 7(14), 113-133.
https://digitum.um.es/digitum/bitstream/10201/91541/1/387
401-
Texto%20del%20art%C3%ADculo%20%28sin%20datos%20id
entificativos%20de%20los%20autores%29-1297181-1-10-
20190704.pdf

Ozkan, N., Cakan, S., & Kayacan, M. (2017). Capital intelectual y rendimiento financiero: un estudio del sector bancario turco.

Borsa Istanbul Review, Volumen 17(Número 3), 190-198. doi:https://doi.org/10.1016/j.bir.2016.03.001

Pardo-Cueva, M., Armas, R. e Higuerey, A. (2018). La influencia del capital intelectual sobre la rentabilidad de las empresas manufactureras ecuatorianas. *Revista Espacios*, 39(51), 1–11. https://www.revistaespacios.com/a18v39n51/18395114.html

Pastor, D., Glova, J., Lipták, F. & Kováč, V. (2017). Intangibles and methods for their valuation in financial terms: Literature review. *Intangible Capital*, 13(2), 387–410. http://doi.org/10.3926/ic.752

Piekkola, H., & Rahko, J. (2020). Innovative growth: The role of market power and negative selection. *Economics of Innovation and New Technology*, 29(6), 603-624. https://doi.org/10.1080/10438599.2019.1655878

Ricárdez Jiménez, J. D., & Borrás Atiénzar, F. (2013). El capital intelectual, una perspectiva para la sustentabilidad de las organizaciones México-Cuba. Xalapa, Veracruz, México: CÓDICE / Servicios Editoriales. Obtenido de https://cdigital.uv.mx/bitstream/handle/123456789/47039/LIBRO-RicardezJimenezJeronimo1de2.pdf?sequence=4&isAllowed=y

Rivero, D., Vega, V. y Balagué, J. (2003). Importancia del Capital Intelectual en el turismo. *Retos Turísticos*, 2(2), 1–8. https://www.researchgate.net/publication/330899792_Importancia_del_Capital_Intelectual_en_el_Turismo

Roblek, V., Dimovski, V., Mesko, M., & Peterlin, J. (2022). Evolution of organisational agility: A bibliometric study. *Kybernetes*, 51(13), 119-137. https://doi.org/10.1108/K-11-2021-1137

Roth, F. (2022). The rule of law and investment in intangible capital: Evidence for the EU-16, 1996-2017. *Hamburg Discussion Papers in International Economics,* 12. Available at:

https://www.econstor.eu/handle/10419/253363

Serenko, A. & Bontis, N. (2013). Investigating the current state and impact of the intellectual capital academic discipline. Journal of *Intellectual Capital*, 14(4), 476–500. https://doi.org/10.1108/JIC-11-2012-0099

Stoner, J., Freeman, R., & Gilbert JR., D. (1996). *Administración* (Vol. 6a Edición). Ciudad de México, México: Prentice Hall - Pearson - Addison Wesley Longman.

Sveiby, K. E. (1997). *Capital Intelectual. La nueva riqueza de las empresas.* Barcelona: Gestión 2000. Recuperado el 05 de 08 de 2015

Sveiby, K. E. (1997). *The new organizational wealth: Managing & measuring knowledge-based assets*. Berrett-Koehler Publishers.

Vega Falcón, V. (2015). *El Cuadro de Mando Integral percibido a través de casos reales*. Quito, Ecuador: Mendieta. Recuperado el 13 de 03 de 2016

Vega Falcón, V. (2016). Medición del Capital Intelectual. Ambato, Ecuador: Editorial Jurídica del Ecuador.

Vega, V. (2017). Una mirada al concepto de Capital Intelectual. *UNIANDES Episteme*, 4(4), 491–503. http://45.238.216.13/ojs/index.php/EPISTEME/article/view/825

Vega, V., Sánchez, B., & Castro, F. (2020). Experts' Selection for Neutrosophic Delphi Method. A Case Study of Hotel Activity. *Neutrosophic Sets and Systems*, 37, Special Issue: Impact of Neutrosophy in Solving the Latin American's Social Problems.

Vila Rodríguez, V., & Vega Falcón, V. (2002). *Propuesta de medición del Capital Intelectual en instalaciones hoteleras*. Universidad de Matanzas, Cuba. Matanzas: Universidad de Matanzas, Cuba.

AVALES

El libro "Capital Intelectual: Claves para su Medición y Gestión en la Era del Conocimiento" representa un recurso indispensable para comprender y aplicar el concepto de Capital Intelectual en la práctica empresarial moderna. Con un enfoque meticuloso y bien estructurado, el autor desglosa los intrincados detalles de la medición y gestión del Capital Intelectual, proporcionando un marco teórico sólido junto con aplicaciones prácticas que son relevantes en el actual entorno de negocios altamente competitivo y basado en el conocimiento.

La obra logra una integración magistral entre teoría y práctica, haciendo accesibles conceptos complejos a través de explicaciones claras y ejemplos ilustrativos. Además, la inclusión de metodologías avanzadas como el Valor Económico Agregado (EVA) enriquece considerablemente la utilidad del libro, proveyendo a los líderes empresariales y académicos herramientas robustas para analizar y mejorar la eficiencia y rentabilidad de sus organizaciones.

Los autores, con un profundo dominio en el ámbito del Capital Intelectual, han creado una obra que no solo destaca por su rigor académico, sino también por su aplicabilidad en la realidad de las empresas que buscan optimizar su gestión de recursos intangibles. Este libro es, sin duda, una contribución valiosa al campo de la gestión empresarial y un recurso esencial para cualquier profesional que aspire a liderar en la economía del conocimiento.

MSc. Rodolfo Martín Gil
Administrador Cooperativa no Agropecuaria
CNA Restaurante Vernisagge
7 de mayo de 2024

"Capital Intelectual: Claves para su Medición y Gestión en la Era del Conocimiento" es una obra de referencia obligatoria para todos aquellos implicados en la gestión estratégica de organizaciones. Este libro aborda con una claridad y profundidad excepcionales la relevancia del Capital Intelectual, desvelando cómo las entidades pueden capitalizar sus activos intangibles para forjar una ventaja competitiva duradera y mejorar su desempeño global.

Los autores han logrado compilar y sintetizar una variedad de conceptos y prácticas relacionadas con el Capital Intelectual de manera que no solo educa, sino que también inspira. A través de un lenguaje accesible y con una estructura lógica, se exploran los fundamentos, aplicaciones y estrategias necesarias para una gestión eficaz del Capital Intelectual, incluyendo un estudio de caso real que demuestra el impacto tangible de una gestión efectiva de los activos intangibles en el mundo corporativo.

La exhaustividad del contenido, sumado a la experiencia práctica y académica de los autores, hacen de este libro un recurso inestimable. Ofrece no solo una teoría relevante sino también guías prácticas que pueden ser implementadas inmediatamente por quienes deseen llevar a sus organizaciones a un nivel superior en la economía global. Este texto es crucial para académicos, estudiantes y profesionales que deseen profundizar en el estudio del Capital Intelectual y su influencia directa en la estrategia y operaciones empresariales.

MSc. Abel Vasallo Paez
Vicepresidente Cooperativa no Agropecuaria
CNA Restaurante Vernisagge
26 de abril de 2024

Acerca de los Autores

Vladimir Vega Falcón

El autor se doctoró en Ciencias Económicas en la Universidad de La Habana, Cuba, en 1998. Ha complementado su formación con un máster en Gestión de Empresas Turísticas por la Universidad de Las Palmas de Gran Canaria, España, en 2002, y un máster en Innovación Empresarial y Emprendimiento por el ICEB en Barcelona, España, en 2024.

Su trayectoria como consultor empresarial incluye trabajos para la Consultoría Internacional Habana, S.A. (CIH) y la Oficina Interfaz Mercadú, S.A. en Varadero, Cuba, ambas entre 1999 y 2009; así como para Consultores Asociados S.A. (CONAS) de 2009 a 2014. Desde 2024, trabaja como autónomo en Barcelona, España, ofreciendo servicios de consultoría en varios países. Entre sus clientes destacan cadenas hoteleras como Meliá Hoteles.

Fue galardonado con el Premio de la Academia de Ciencias de Cuba en 1998. Es miembro activo de varios grupos de investigación y organizaciones académicas y profesionales, incluyendo el Grupo de Investigación RECIT en la Universidad de Girona, España (2000-2006); el Grupo de Investigación IMACC-ev. en Valencia, España (2002-actual); la Encyclopedia of Neutrosophic Researchers en Estados Unidos (2021-actual); y ha servido como vicepresidente profesional de PAICOGestión en Ecuador (2020-2023). Además, es miembro de la Sociedad Internacional de Gestión y Economía Fuzzy desde 1997 y actualmente dirige el área de Investigación y Consultoría Organizacional en el International Center for Entrepreneurs en Barcelona, España (2023-actual).

Jorge Francisco Abril Flores

Especialista en Comunicación Digital por la Universidad Andina Simón Bolívar; Magister en Administración de Empresas – mención Planeación por la Universidad Católica del Ecuador; Magister En Docencia y Currículo para la Educación Superior por la Universidad Técnica de Ambato; Doctor en Contabilidad y Auditoría y Licenciado en Contabilidad y Auditoría, Contador Público por la Universidad Técnica de Ambato.

Docente investigador de pregrado y posgrado de la Universidad Técnica de Ambato, UNIANDES, Pontificia Universidad Católica del Ecuador Sede Ambato.

www.ingramcontent.com/pod-product-compliance
Lightning Source LLC
Chambersburg PA
CBHW052319220526
45472CB00001B/189